KB067149

―――――――――― 님의 소중한 미래를 위해
이 책을 드립니다.

마흔 이후,
어떻게 살아야
하는 걸까

마흔이라는 사막을 건너는
40가지 방법

마흔 이후,
어떻게 살아야
하는 걸까

김경준(딜로이트 컨설팅 부회장) 지음

메이트북스

메이트북스 우리는 책이 독자를 위한 것임을 잊지 않는다.
우리는 독자의 꿈을 사랑하고,
그 꿈이 실현될 수 있는 도구를 세상에 내놓는다.

마흔 이후, 어떻게 살아야 하는 걸까

초판 1쇄 발행 2019년 9월 2일 │ 지은이 김경준
펴낸곳 ㈜원앤원콘텐츠그룹 │ 펴낸이 강현규·정영훈
책임편집 안정연 │ 디자인 최정아
마케팅 이기은 │ 홍보 이선미·정채훈·정선호
등록번호 제301-2006-001호 │ 등록일자 2013년 5월 24일
주소 04778 서울시 성동구 뚝섬로1길 25 서울숲 한라에코밸리 303호 │ 전화 (02)2234-7117
팩스 (02)2234-1086 │ 홈페이지 www.matebooks.co.kr │ 이메일 khg0109@hanmail.net
값 15,000원 │ ISBN 979-11-6002-247-6 03190

이 도서의 국립중앙도서관 출판시도서목록(CIP)은 e-CIP홈페이지(http://www.nl.go.kr/ecip)에서
이용하실 수 있습니다.(CIP제어번호 : CIP2019030785)

사람은 나이를 먹는 것이 아니라
좋은 포도주처럼 익는 것이다.

• 필립스(미국의 사회개혁가) •

인생은 복잡계이고
마흔은 복합기이다

인간의 삶은 원인과 결과가 비례하는 질서정연한 선형계도 아니지만 모든 것이 엉키고 뒤죽박죽인 무질서한 혼돈도 아닌 중간적 복잡계이다. 인간의 노력과 성취가 정비례하지도 않지만 무관하지도 않다는 의미이다.

원인과 결과, 노력과 성취는 삶이란 길지 않은 시간에서 복잡계적인 상관성을 가지지만 연결되는 시기와 양상은 각양각색이다. 행운과 불행이 교차하고, 필연과 우연이 만나서 다채롭게 직조되기 때문이다.

마흔은 전환기, 도약기, 전성기, 위험기, 고난기 등 복합적 성격의 시기이다. 사람마다 차이는 있지만 대략 30대까지는 성장기이다. 20대까지 부모의 양육과 필요한 교육을 받고 30대에 현실을 경험하면서 자신의 관점과 전문성을 확립한다.

30대까지는 남들이 만들어놓은 길을 가지만 40대는 나의 길을 만들면서 가는 시기이다. 축적된 경험과 지식을 분출해 자신의 영역에서 성취를 이루어나가는 40대의 에너지가 50대 초중반까지 연결된다. 이후는 관성으로 나아가면서 실질적인 사회적 경력은 일단 막을 내린다.

동시에 마흔은 힘들고 어려운 시기이다. 가정과 사회에서 짊어져야 할 의무와 부담이 급증한다. 사춘기에 접어든 아이들은 자신들의 세계로 떠나고, 경제적 부담은 가중되는 가운데 연로하신 부모님이 편찮으시면서 세상을 떠나시기 시작한다. 사회적으로도 아래위로 시달리는 중간적 입장에서 현재의 역할과 미래의 가능성에 대한 고뇌도 깊어진다. 가중되는 스트레스로 모든 것을 털고 떠나버리고 싶은 충동도 생겨난다.

인생은 길지 않지만 부침을 겪기에는 충분할 만큼 길다. 마흔 무렵은 전환기의 가능성과 위험기의 일탈 사이에서 항로를 잡아야 하는 분기점이다. 누구에게나 나름대로 현재의 어려움을 이겨내고 미래의 가능성을 확장시키는 역량은 있다고 생각한다.

하지만 막연히 30대의 패기로만 부딪혀서는 40대 전환기의 바다를 슬기롭게 항해하기 어렵다. 마흔 무렵에 상응하는 자신의 인생에 대한 가치관과 방향성을 분명히 정립해 나침반으로 삼을 필요성이 있다.

이를 위해서는 현재까지 확보한 자신의 역량과 미래의 가능성을 냉정하게 객관화하고 성찰해야 한다. 객관화가 부족하고 주관적 희망이 강하면 주변과 비교하여 조급함에 빠지는 우를 범하기 쉽다.

또한 앞으로 지향할 가치관도 진지하게 고민해야 한다. 가치관이 정립되어 있어야 좋은 시기에 교만하지 않고 어려운 시기에 좌절하지 않으면서 풍랑이 몰아치는 40대의 바다에서 목적지를 잃고 표류하지 않을 수 있다.

삶은 고단하다. 불편한 진실이다. 하지만 고단하기에 현재의 한계를 이겨내면서 미래의 가능성을 찾아가고 때로 행복한 순간도 만나게 된다. 만약 "인생은 행복하다"고 외쳐서 행복해진다면 나라도 매일 소리 높여 외치겠다. 그러나 아무리 행복을 외쳐봐야 고단한 인생의 본질은 변하지 않는다.

인간뿐 아니라 모든 생명은 목표함수인 생존과 번식을 위하여 현실에서 존재하는 자체가 고단하기 마련이다. 차라리 고단한 인생이라는 불편한 진실을 인정하고 나의 입장에 맞게 최선을 다해서 거친 삶의 바다를 항해하는 것이 현실적으로 행복을 추구하는 행동이다.

나아가 마흔 무렵은 더욱 고단하다. 인생의 전성기에 들어서면서 가능성이 큰 만큼 기대와 책임감도 비례하기 때문이다. 따라서 어쭙잖은 행복론과 위로, 힐링이라는 얄팍한 자기만족에서 벗어나 세계와 자신에 대한 객관적 성찰을 통해 확립한 가치관을 나침반으로 삼아 40대라는 거대한 가능성의 바다를 항해해야 한다.

나 자신은 격동의 40대를 지나왔다. 지금 돌이켜보면 어떻게 헤치고 나왔는지 아찔한 순간들도 많았다. 그래서인지 나는 다시 젊은 시절로 돌아가고 싶다는 말을 하지 않는다. 하지만 지금 반추해보면 나름대로의 노력과 동시에 행운과 우연이 교직해 표류하지 않고 지나왔고 힘들 때마다 만나게 되었던 좋은 생각과 좋은 사람들이 버팀목이 되어주었음에 감사한다.

이런 배경에서 마흔 무렵에 접어들면서부터 그동안 혼자 생각해보고 주변의 지인들과 나누던 이야기들을 가감 없이 담아보았다. 부족하나마 설익은 인생론이 아니고 어쭙잖은 무용담이나 성공담은 더더욱 아니다. 평범한 생활인이 나름대로 치열하게 살아온 40대의 시간에 대한 솔직한 고백이라고 생각하고 읽어주기를 바라는 마음이다.

김경준

차례

1장　마흔, 아주 특별한 나이

1장

———

———

마흔,
아주 특별한 나이

———

마흔, 삶의 여백을
이해하기 시작하다

2001년 11월의 어느 날로 기억한다. 가까운 친구와 함께 저녁을 먹고 커피를 마시던 중이었다. 갑자기 친구가 질문을 던졌다.

"이제 한 달만 지나면 우리도 마흔이 되는구나. 벌써 마흔이라니, 실감이 안 나네. 마흔을 맞이하는 마음을 한 단어로 표현한다면 어떤 단어가 떠오르냐?"

당시 나는 직장을 옮기고 분주한 나날을 보내고 있던 터라 나이를 잊고 살았다. 마흔이 된다는 것이 실감이 나지 않아서 별다른 단어가 떠오르지 않았다. 귀가하는 전철에서 왠지 모르게 친구의 질문이 머릿속을 맴돌았지만 적당한 단어를 찾지 못하고 집에 도착했다.

어린 시절, 마흔 살의 어른을 보면 세상 다 산 듯한 느낌이었는데, 세월이 많이 흘렀다는 감회 정도 느끼면서 잠자리에 들었다.

며칠이 지난 어느 주말, 집에서 갑자기 그 질문이 떠오르면서 마흔을 맞는 심정을 표현하는 단어로 '여백'이 떠올랐다. 20대 후반에 학업을 마치고 사회생활을 시작했다. 가정을 꾸리면서 30대로 10년을 보냈다.

20대까지의 성장기에는 세상을 선형線型으로 보았다. 원인과 결과, 투입과 산출의 관계가 상당히 비례한다는 생각이었다. 재능이 있고, 열심히 노력하면 그에 비례해 성취의 폭도 클 것이라는 바람이자 믿음이었을 것이다.

그러나 30대를 지나면서는 달라졌다. 재능과 노력에도 불구하고 실패하는 경우가 존재하고, 인생에는 운이라는 요소도 작용함을 실감하게 되었다. 수긍이면서 약간의 허탈감 같은 감정이었다. 인생은 복잡계複雜系였다. 완전한 질서도 아니지만 그렇다고 무질서도 아니었다.

부모님 슬하에서 학창시절을 보내는 10대, 20대의 성장기까지는 타고난 여건에 따라 살아간다. 이런저런 고비를 겪기는 하지만 삶의 굴곡을 직접 체험하는 경우는 많지 않다. 물론 학교 성적과 입시결과에 따라 희비가 엇갈리기는 하지만 일정 수준 비례하는 선형의 관계를 벗어나지 않는 범위이다.

그러나 20대 중후반 무렵부터 사회생활을 시작하면 소위 본게임이 시작된다. 일단 내 능력으로 내 삶을 책임지고 꾸려나가는 일이 만만치 않음을 알게 된다. 어떤 영역이든 나름대로 직업을 가지고 해당 영역의 질서와 구조를 이해하면서 자신의 역할을 수행하는 것은 누구에게든 쉬운 일이 아니다.

남들이 선망하는 좋은 직업에도 나름의 고충은 있게 마련이고 이런 분야일수록 내부 경쟁도 치열하다. 그러나 기본적으로 30대까지는 삶에서의 성공은 능력과 노력에 비례할 것이라는 생각이 강했다.

그러나 40대 무렵부터는 생각이 달라졌다. 일단 30대에서 예기치 않은 일들이 벌어졌기 때문이다. 부푼 꿈으로 입사해 나름대로 자리를 잡았다고 생각한 첫 직장에서 정리해고를 당한 것이다.

졸업과 군 복무를 마치고 1989년 S증권사에 입사했다. 당시 증권사는 80년대의 경제성장을 바탕으로 전례 없는 호황기를 구가

하고 있었다. 나날이 폭등하는 주가지수로 도처에 일확천금의 신화가 생겨났고, 과거 투전판과 다름없는 취급을 받던 주식투자는 온 국민의 관심사가 되었다.

주가지수가 사상 최초로 1,000포인트를 찍자 증권사 지점이 없는 지방에서는 현지 주민들이 지점 개설을 요구하는 시위까지 벌이는 촌극도 벌어졌다.

당시 나는 세상 물정에 어두워서 이런 사정을 잘 몰랐다. 제대하고 취업준비를 하면서 지인들로부터 증권사가 월급도 많이 주고 전망도 밝은 직장이라는 말을 많이 들으면서 관심을 가지게 되었을 뿐이다. 지원한 회사에 합격해 연수를 마치고 직장생활을 시작했다.

당시 S증권사가 소속된 S그룹은 국내 5위권의 대기업이었다. 그러나 그룹 차원의 조직개편에 따라 경제연구원으로 이동해 근무를 시작하면서 자동차 사업에 발목이 잡혀 의외로 사정이 좋지 않음을 알게 되었다. 그래도 우리나라를 대표하는 대기업이기에 어떻게든 상황을 헤쳐 나갈 것으로 보고 별다른 걱정은 하지 않았다.

그러던 1997년 5월 2일 오후에 연구원의 전 직원 긴급 회의가 소집되었다. 점심식사 후 참석한 회의에서 당시 연구원장이 "오늘부터 연구원이 문을 닫게 되었다"는 요지의 발표를 했다. 이후 퇴직절차 등에 대한 구체적 언급도 없었던 일종의 폭탄선언이었다.

이후 며칠 동안 출근은 했지만 할 일도 없이 모두 막막한 심정으로 삼삼오오 모여 웅성거리는 시간이 이어졌다. 당시 나는 '내가 무얼 잘못했기에 이런 황당한 일을 당해야 하나, 나는 시키는 대로 열심히 일하고 살았는데 억울하다'는 심정이 지배적이었다.

모두 성실한 생활인들인 동료들도 마찬가지였다. 시간이 지나면서 계열사 전출 또는 일정한 퇴직 위로금을 지급한다는 방안이 나왔다. 각자의 입장에 따라 뿔뿔이 흩어지고 나는 계열사인 S정보통신으로 옮기게 되었다.

이후 동료들의 인생행로는 각양각색이었다. 중견 직원들은 위로금을 받고 재취업을 준비하려는 경우가 많았는데 같은 해 10월 IMF 구제금융이라는 전대미문의 경제위기가 닥쳤다. 신입 직원 채용도 전면 중단되는 가운데 경력 직원의 이직은 거의 불가능한 상황으로 돌변했고, 그나마 이 위기가 언제까지 지속될지도 오리무중이었다. 아이들이 초등학교, 중학교를 다니는 나이의 가장에게는 재앙이었다.

가까이 지내던 선배에게 안부 전화를 하던 중 선배가 서울의 한 지하철역에서 신발가게를 열었다기에 직접 가보기도 했다. 자존심 강한 선배였다면 안부만 전했겠지만 푸근한 성격이라서 얼굴이라도 보러 오라고 했을 것이다. 가게라고 할 것도 없는 작은 코너에 신발을 진열하는 선배의 모습과 연구소에서 보고서를 작성하던 전문가의 모습이 오버랩되었다.

손님들로 분주한 저녁시간이라 간단히 인사만 나누고 신발 한 켤레 사서 헤어진 장면의 콘트라스트는 아직도 선명하다. 나중에 알게 된 일이지만 가까웠던 동료 한 사람은 당시 문자 그대로 아이 우윳값도 떨어지고 호구지책이 막연한 상황에서 상당 기간 택시 운전대를 잡았다고 했다.

석사급 전문가였는데 추락하는 것은 날개가 없었다. 육체적으로 무척 힘든 시간이었지만 택시기사라도 하지 않으면 가정생활을 유지하기 어려웠다고 했다. 낙천적인 성격에 헝그리 정신으로 버텼겠지만 힘든 시간이었을 것이다. 경제가 급격히 회복되면서 다행히 후일 두 사람은 모두 자기 자리를 찾았다.

나는 30대 후반에 갑작스런 실직이라는 극단적인 상황을 겪었다. 사실 30대를 지나면서 나의 행동과 무관하게 삶이 규정되는 상황은 비일비재하게 경험하고 목격하게 된다. 결혼만 해도 그렇다. 누군들 좋은 배필 만나서 행복한 가정을 꾸리고 싶지 않겠는가만 현실은 반대로 흘러가는 경우도 있다.

오랜 연애 기간을 거쳐 결혼했지만 금세 갈라서기도 한다. 성실하고 건강했던 사람이 젊은 나이에 큰 병을 얻는 것은 설명하기조차 어렵다. 운명이 그렇게 흘러가는 것이다. 조직 내에서 촉망받던 인재가 불운으로 꺾이기도 하고, 어쭙잖은 부류가 행운을 맞아 날개를 달기도 한다. 원인과 결과의 인과관계를 도저히 논리적으로 설명하기 어려운 상황을 인정하게 되는 시점이 마흔이었다.

마흔은 삶의 여백을 이해하는 나이다. 세상살이에 원인과 결과를 부정하지는 않더라도 반드시 비례하지 않는 복잡계로 인정하는 것이 여백이다. 그렇다고 무책임하게 생각하거나 행동하지 않고 매사에 일희일비하지 않으면서 긴 호흡으로 인생을 바라보는 지혜를 체득하는 연령이라고 생각한다. 마치 동양화가 여백이 있기에 그림이 완성되는 것과 같은 이치라고나 할까.

폼나게 표현하면 공자公子가 마흔을 '사물의 이치를 터득하고 세상일에 흔들리지 않는 불혹不惑'으로 표현했는데, 나는 이를 '인생사 여백의 이치'에 대한 이해라고 정의하고 싶다.

마흔의 인생은
그렇게 살아진다

마흔을 여백이라면 서른은 어떤 단어로 표현될 수 있을까? 마흔
이 넘어서도 노래방에서 애창곡이던 김광석의 '서른 즈음에'를
부르고 있을 때 든 생각이었다.

"또 하루 멀어져 간다. 내뿜은 담배 연기처럼, 점점 더 멀어져
간다. 머물러 있는 청춘인 줄 알았는데"라는 가사처럼 서른이 되
면 다시는 돌아오지 않을 청춘과 사랑에 대한 아쉬움이 커지기
때문이리라.

마흔에 불러도 가사는 마음에 와 닿지만 그래도 나이 서른에
내가 느꼈던 감정을 한 단어로 나타내면 어떤 것이 있었을까? 남

자들에게 있어 서른은 지나가는 청춘에 대한 아쉬움으로 표현된다면 여성들이 느끼는 감정은 어쩐지 더 커 보인다. 같은 연배의 시인 최영미는 "서른 잔치는 끝났다"고 했다. 시인 최승자는 "이렇게 살 수도 없고, 이렇게 죽을 수도 없을 때 서른은 온다"고 표현했다.

이 대목에서 고전 우화 하나를 소개한다. 버전에 따라 약간씩 차이는 있지만 60세를 인간 수명의 기준점으로 설정하고 있다. 이야기의 줄거리는 다음과 같다.

조물주가 소와 개, 원숭이, 사람을 불러 각각 30년의 수명을 주겠다고 하자 모두 거절했다. 소는 매일 논밭에서 일하는 고단한 삶에서 30년 수명은 너무 길다고 호소했다. 남긴 음식이나 먹으면서 천대받는 개, 재롱떨며 살아야 하는 원숭이도 반대했다. 사람만 30년은 짧으니 더 오래 살고 싶다고 간청했다. 조물주는 이들의 소원을 들어주어서 소는 18년, 개는 12년, 원숭이는 10년으로 정하고 사람에게 이들의 수명을 얹어주었다.

이로써 사람은 30세까지는 자신의 삶을 살고, 이후 18년은 소의 근면과 노고에 이어 쉰 목소리 개로 12년을 살면서, 60세 환갑을 맞은 이후부터는 쭈글쭈글한 원숭이의 얼굴로 10년의 생을 덤으로 살게 되었다.

우화의 메시지를 적용한다면, 30세까지는 타인이 나를 위하는 삶을 살지만 30세를 기점으로는 내가 타인을 위하는 삶을 산다는 의미이다. 그래서인지 서른을 맞는 청춘들의 심정이 복잡하다. 나의 인생이지만 타인의 삶에 대해 책임을 지기 시작하는 그런 서른인 것이다.

서른에 대해 며칠 생각해보면서 '불안不安'이 떠올랐다. 불안은 두려움, 공포와는 다른 느낌이다. 불안은 'unstable'이라는 영어 표현 그대로 '안정되지 않음'이다. 정확히 말하면, 가능성은 많지만 확정된 것이 없기에 오는 기대와 염려가 교차하는 상태라고 할 수 있다.

서른을 맞은 당시 나는 신참내기 직장인이었고 결혼 전이었다. 앞으로 펼쳐질 앞날에 대한 기대감도 있었지만 당면한 현실의 벽도 높았다. 회사 동료들은 모두 나보다 능력이 뛰어난 듯했고, 내가 이 직장과 이 분야에 계속 있는 것이 맞는 일인지도 의문이었다. 누구와 인연을 맺어서 결혼하고 태어나는 아이와 꾸리게 될 가정은 어떨 것인지 등 미래도 미지수였다.

서른부터 마흔이 되기까지 10여 년의 사회생활을 하면서 인생의 큰 흐름은 정해졌다. 직장을 다니건, 개인 사업을 하건, 자유 직업을 가지건 주로 기반하고 있는 업종과 영역은 정해진 것이다. 물론 마흔 이후에도 도전은 가능하지만 그 도전도 30대에 축적한 경험과 지식의 연장선상에 있게 된다.

가정적으로도 결혼, 자녀 등 기초적인 요소들이 결정된다. 개인적 가능성에서 20대까지가 준비기라면 30대는 성장기이고 40대는 전성기이다. 하지만 동시에 40대는 살아지는 시간이다. 30대에 방향이 잡힌 40대는 성장기 동안에 축적된 역량과 단련된 의지가 결합하여 시너지를 내면서 인생의 가능성이 현재화되는 시기이다.

마흔부터는 살아가는 것이 아니라 살아지는 삶이다. 목숨조차도 내 것이 아니다. 사회에서나 가정에서나 무한 부담, 무한 책임의 삶이다. 혼자 사는 젊은 시절의 삶은 오롯이 나의 문제였지만 마흔 무렵부터는 사회적으로 가정적으로 역할과 책임이 나에게 한정되지 않는다. 나의 의사결정이 나는 물론이고 주변에도 많은 영향을 끼치기 시작하는 나이이다.

앞의 사람의 수명에 대한 우화에서 소를 연상하면 된다. 소는 매일 일하지만 자신을 위해서가 아니라 타인을 위해서 일한다.

40대의 인생도 매일 일하지만 자신을 위해서가 아닌 타인을 위해서 일한다. 여기서 타인이란 부모님, 아내와 자녀 등의 가족이 될 수도 있고, 자신의 가치관에 따라 봉사하는 타인이기도 하다. 추상적으로 지향하는 가치에 대한 헌신일 수도 있다.

어느 경우이든 40대의 삶이란 기본적으로 나보다는 타인의 비중이 커지는 시기이다. 그렇다고 이를 자신은 완전히 실종되고 오롯이 타인을 위해서만 살아가는 소외된 삶이라고 폄하할 필요는 없다. 자신의 선택에 따라 30대에 방향이 결정된 이후 이어지는 삶이기 때문이다.

또한 살아지기 때문에 강한 에너지를 분출할 수 있다. 물체 운동에서 출발할 때보다 일단 방향을 잡고 관성이 생기면 적은 에너지로 멀리 갈 수 있는 것과 같은 이치이다. 삶에서도 일단 선택이 끝나고 방향을 잡으면 탐색과 모색에 따른 에너지의 손실 없이 직진할 수 있을 것이다.

40대부터 황금기가
시작된다

마흔 무렵 우연히 수필 하나를 접했다. 은행에서 순서를 기다리면서 별 생각없이 꺼내 든 잡지였다. 칠순에 들어선 여류 소설가의 "여자의 전성기"라는 제목이었다. 읽어보니 여자의 전성기는 40대 초반에서 50대 후반이라는 요지였다.

흔히 여자의 전성기를 20대 초중반에 꽃처럼 피어나는 시기라고 하지만 자신의 생각은 다르다고 했다. 20대를 좋은 나이라고 남들은 말하지만 정작 자신은 무엇이 좋은지도 모르고 미혼 시절이 바람처럼 지나갔다. 20대에 결혼해서 아이를 낳고 키우는 30대는 그야말로 정신없이 살았다. 세탁기, 청소기가 없는 시절에 아이들을 먹이고 입히는 주부의 바쁜 일상이었다.

40대 초반이 되면 맏이가 중고등학교를 다니고 막내가 초등학교에 입학하게 된다. 아이들이 어릴 때처럼 엄마 손을 타지 않으니 약간의 여유가 생긴다. 30대를 알뜰하게 보내면 40대에 경제적으로도 형편이 나아진다. 20대에는 별것도 아닌 일에 부끄러워하고 겁도 많아서 위축되었는데, 결혼해서 아이 낳고 키워보니 세상에 거리낄 일도 없어졌다. 결혼 초기에 어려웠던 남편과 시댁 식구들도 40대에 접어드니 그렇지도 않다. 무엇보다 아직 건강하고 음식도 맛있고 재미있는 일도 많다. 이런 면에서 여자의 전성기는 40대 중반부터라는 이야기였다.

아쉽게도 이 수필의 저자가 기억나지 않는다. 하지만 여자의 40대, 50대가 전성기라는 대목이 의외였고 공감이 갔다.

집에 와서 30대 중반의 아내에게 수필의 내용을 이야기했더니 반색했다. 결혼해서 아이 키우면서 인생이 피폐해지고 있다고 느끼던 아내에게 아직 전성기는 오지 않았다는 노년의 여류 소설가의 회고가 반가웠던 모양이다. 세월이 흘러 50대에 접어든 아내는 여자의 전성기가 40대 초반부터라는 관찰에 전적으로 동의한다. 내가 보아도 그렇다.

남자의 입장에서 전성기를 생각해보아도 연령대가 같다. 40대 초반에서 50대 후반이 소위 연부역강年富力强, 연륜이 풍부하고 근력도 강히다.

20대는 패기는 있으되 사리분별이 안 되고, 30대는 경험이 쌓이지만 아직 사물의 본질을 포착하기에는 한계가 있다. 40대는 경험도 풍부하고 체력도 튼실하다. 역할도 커지고 역량도 비례해 발전하는 나이이다. 새로운 도전에 나설 패기도 있으면서 자신의 분야에서 커다란 성취를 이룰 수 있는 연륜도 쌓인 황금기이다.

1930년대에 태어난 여성분이 인생의 전성기를 40대 중반부터로 보았다. 20대에 6·25전쟁을 겪고 궁핍한 시대에 30대를 보냈기에 1980년대에 맞은 40대 삶의 안정이 소중하고 다행스럽게 느껴졌을 것이다.

지금은 백세시대이다. 60세 환갑을 장수의 기준으로 삼던 시절과는 완전히 다른 시대이다. 하지만 40대가 인생의 전성기임은 변함이 없다. 오늘날의 40대는 1970년대에 주로 태어났다.

그들의 성장기였던 1990년대는 우리나라 산업화의 결실로 사회 전반적으로 윤택하고 좋은 교육을 받을 수 있었다. 활동기인 2000년대에 우리나라에서도 본격적으로 글로벌 기업들이 출현하면서 세계 각지에서 다양한 경험을 쌓을 수 있는 시기였다.

개인적 삶은 태어난 시기와 여건의 영향을 받게 마련이다. 지금 스타벅스 커피컵을 들고 시내를 활보하는 사람들이 200년 전의 신분제가 엄격한 조선에서 태어났다면 40%의 확률로 천민이었을 것이고, 나머지 대부분도 일자무식에 겨우 입에 풀칠이나 하는 평민일 수밖에 없었다. 여성으로 태어났다면 평생 밥하고 빨래하면서 살다가 죽는 것이다. 태어난 시점은 현대라도 북한이나 아프리카에서 태어났다면 현재의 삶에서 가지는 자유로움과 가능성은 거의 없었을 것이다.

이는 개인적 의지나 역량과는 다른 문제이다. 일종의 운명적요소이다. 빌 게이츠와 스티브 잡스가 천재적 능력을 타고났더라도 아프리카의 빈국에서 태어나 어린 시절 컴퓨터를 접하지 못했다면 평생 소몰이나 하다가 생을 마감했을 것이다. 나 자신도 대한민국에서 1960년대 초반에 태어난 베이비붐 세대로서 언제나 고마움을 느끼면서 살고 있다. 1930년대 중반에 북한에서 태어나신 부친의 삶과 비교해보면 대비가 극명하기 때문이다. 10대에 전쟁을 겪고, 사회가 모두 빈곤한 상황에서 청년기를 보낸 세대이다.

이런 점에서 현재의 40~50대는 행운의 세대이다. 우리나라 근대사에서 가장 혜택을 받은 세대이다.

특히 현재의 40대는 개인적 삶의 사이클과 우리나라 사회적 흐름이 모두 정점에 이르러 있다. 그동안 갈고닦은 역량을 유감없이 발휘하고 커다란 성취를 기대하는 연배이기도 하다.

젊은 천재는 있어도
젊은 대가는 없다

천재적 재능을 타고나는 것과 대가로서의 성장은 별개이다. 재능은 장점이기도 하지만 때때로 단점으로 작용한다. 어린 시절부터 두각을 나타내면 알게 모르게 마음속에 교만이 깃들기 쉽다. 또한 재능이 앞서면 대개 성격적으로 노력과 인내가 부족하다.

젊은 천재가 원숙한 대가로 성장하려면 여러 가지 조건이 맞아 들어가야 한다.

일단 건강하게 오래 살아야 한다. 천재적 재능과 아울러 꾸준한 노력을 병행하는 성격이 뒷받침되어야 한다. 적절한 시기에 사회적 인정을 받을 수 있는 계기가 마련되어야 한다. 물론 역사에서 이름을 남길 만한 천재라면 이런 것도 문제가 되진 않지만 우리가 일상에서 보는 정도의 재능이라면 더욱 그렇다.

이러한 관점을 오늘을 살아가는 평범한 40대에 적용해보자. 마찬가지로 젊은 시절의 재능으로 앞서나갈 수 있지만 인생을 마라톤과 같은 장기전으로 보면 노력과 인내로 숙성되는 기간이 필요하다.

보통의 직업인들은 자신의 분야에서 30대부터 두각을 나타내고 40대부터 인정받기 시작한다. 그렇다면 모색기인 30대에 자신의 방향을 찾아야 하는데 의외로 쉽지 않은 일이다. 흔히 적성에 맞는 분야를 찾아서 노력하면 성공한다는 도식에 대해 이야기하는데, 사실 예체능 등 특수 분야를 제외하고 자신의 적성을 찾는 것도 30대 초중반은 되어야 한다.

20세기 최고의 선동가로 독일의 아돌프 히틀러를 꼽는다. 제2차 세계대전을 일으키고 수천만 명을 죽음으로 몰아간 희대의 악당이다.

하지만 당원 20명의 정치깡패 무리에 불과했던 '국가사회주의 독일노동자당NAZY'을, 입당 후 특유의 연설 능력으로 단기간에 집권당으로 이끈 정치적 선동의 천재이기도 하다. 이러한 히틀러가 자신의 능력을 알게 된 것도 30세가 되어서였다.

히틀러는 오스트리아의 시골에서 태어났다. 학창시절에도 특징 없는 평범한 학생이었고, 화가를 지망했으나 입시에 실패했다. 제1차 세계대전이 발발하자 독일군 병사로 자원입대해 최전선에서 연락병으로 복무했다. 전쟁이 끝나고 군대에 남아 있는 기간에 독일군에 침투한 좌익세력 소탕과 병사들에 대한 사상교육이 강화되었다.

1919년 30세의 히틀러는 중대장의 추천으로 일종의 정훈 요원으로 선발되어 동료들 앞에서 연설하면서 자신의 재능을 자각하게 된다. 이즈음 상부의 명령으로 소수정당인 '독일 노동자당 Deutsche Arbeiterpartei'을 조사하면서 집회에 참석했다가 우연히 논쟁에 끼어들었다. 히틀러의 열변에 참석자들이 감명을 받으면서 입당하게 되고 정치적 행보를 시작한다.

이후의 집권과 전쟁, 패망은 널리 알려진 대로이다. 다만 연설과 선동에서 천재적 잠재력을 가졌던 히틀러는 20대까지 자신을 별로 자랑할 것이 없는 평범한 젊은이로 생각하고 있었고, 30세가 되어서야 비로소 알게 되었다는 점이 의외이다.

박완서 작가는 40세인 1970년 〈여성동아〉 장편소설 공모에 『나목裸木』이 당선되면서 등단했다. 이후 '늦깎이 등단'은 별명처럼 되었는데 어느 날 그녀는 후배에게 다음과 같이 말했다고 한다. "사람들이 내가 주부로 있다가 어느 날 갑자기 작가로 나온 줄 알고 있는데 마흔이 되기까지 얼마나 많은 책을 읽고 글을 쓰면서 물밑 작업을 했는지 아느냐."

나는 마흔이 되던 2003년에 첫 책을 출간했고 지금까지 20여 권이 나왔다. 어릴 때부터 독서는 좋아했지만 글쓰기에 재능이 있다는 생각은 하지 않았다. 실제로 중고등학교 시절 문예반 활동도 없었고, 소위 백일장에서 변변한 상장 하나 받아보지 못했다. 30대 중반에 경제연구소에서 근무하면서 보고서를 작성한 것이 글쓰기에 익숙해진 정도이다. 2002년 경제잡지에 게재된 나의 관련 기사를 보고 출판사가 연락해왔을 때에도 내가 책을 쓸 수 있다고 생각하지는 않았다.

그러나 일단 써보니 나도 모르는 나의 잠재력을 발견했다고 표현해도 과언이 아니다. 문재文才가 뛰어난 작가들의 유려한 문체는 따라가지 못하지만 실용서 차원의 글로서는 웬만하다고 자평한다. 이렇게 보면 나 자신, 마흔이 되어서야 글을 쓰는 재능을 알게 된 셈이다.

개인에 따라 차이는 있지만 통상 30대까지 모색기이고 40대는 전진기이다. 20대까지의 학창시절과는 달리 30대는 사회에서 직접 업무를 수행하면서 실질적인 적성과 재능을 모색하고 확인한다.

예컨대 같은 회사를 다녀도 스킨십이 좋은 영업맨, 폭넓은 시야와 비전의 기획통, 치밀한 분석이 장기인 재무전문가 등의 분기점이 30대에 생겨난다. 실제로 일을 해보기 전에는 정확하게 알기 어렵기 때문이다. 기업 이외에도 사회의 각 분야에서 자신의 적성과 재능을 30대에 찾아서 40대에 발전하고 성취하는 경로가 일반적이다.

평범한 직업인의 입장에서 천재, 대가의 경지를 운운하는 자체가 우스운 일이다. 그러나 각자 타고난 재능을 바탕으로 30대에 방향을 잡고 경험을 쌓아 40대에 발전해 인정받는 전문가로 자리 잡는 경로는 많은 사람들에게서 공통적이다. 하늘은 누구에게나 일정한 재능을 내리고 노력하면 자신의 길을 가게 한다고 생각한다. 자신의 타고난 역량을 40대에 만개시켜보자.

부모의 그늘도
30대에 끝난다

세월이 흘러 중년에 접어들어 만나는 어릴 적 친구들은 오랜 추억을 되살리게 한다. 반백의 모습 속에 읽혀지는 어린 시절의 얼굴에서 반가움을 느끼고 살아온 이야기를 나누다보면, 길지 않은 인생살이에서도 부침은 항상 있게 마련임을 실감한다.

"길고 짧은 것 대봐야 알고, 음지가 양지되고 양지가 음지된다"는 예전 어른들의 말씀처럼, 가난한 집에서 태어나 어릴 적 고생하던 친구가 사업에 성공해 부러움을 사고, 반대로 착하던 부잣집 막내아들이 형편없이 추락해 가슴을 아프게 한다. 어차피 인생이란 노력과 운명의 합주로 엮어나가는 것이지만 그래도 성공과 영락의 이유를 가끔씩 생각해보게 된다.

"빈천은 근검을 낳고, 근검은 부귀를 낳고, 부귀는 교사(驕奢, 교만과 사치)를 낳고, 교사는 음일(淫逸, 방종과 나태)을 낳고, 음일은 다시 빈천을 낳는다."

우연히 접한 이 글귀에 인생유전의 원리가 담겨 있다고 느꼈다. 빈자가 부자가 되고, 부자가 다시 빈자가 되는 핵심이 바로 이 짧은 구절에 압축되어 있다.

20세기 전반 중국에서 후흑학厚黑學을 주창한 리쭝우李宗吳의 부친은 말년에 3권의 책만을 애지중지하고 읽었는데, 그중 한 권인 『귀심요람』의 이 구절을 애송하고 자식들에게 교훈으로 남겼다. 빈천에서 자수성가한 부친이었기에 깊이 공감했을 것이다.

빈천하다고 근검하기도 어렵지만 부귀하면서 교만·사치하지 않는 것은 더욱 어렵다. 교만의 핵심은 풍요로운 삶의 조건은 당연하며 앞으로도 유지된다고 믿는 것이다. 달리 말하면 오늘날의 풍요가 자신의 능력이 아니라 빈천했던 앞선 세대들의 근검에서 비롯되었음을 망각하는 데 있다.

어제에 대한 망각이 오늘의 교만을 낳고 내일의 빈천으로 이어지는 것은 당연한 수순이다. 따라서 자수성가로 부귀해진 집안의 가장이 자식들에게 물려주어야 할 가장 중요한 유산은 빈천한 시절 근검의 정신이다.

수많은 재산도 유지할 능력이 없으면 한순간의 물거품이다. 반대로 재산이 없어도 올바른 정신을 물려주면 자식들은 나름대로 앞길을 헤쳐 나가게 마련이다.

개인적으로 마흔이 넘어가면서 동년배들의 삶이 크게 나눠지기 시작하는 이유를 나름대로 생각해보니, 30대까지는 부모의 덕이고, 40대부터 자신의 힘으로 살아가기 때문이었다. 돈 많고 힘 있는 부모의 그늘도 40대 초반이면 대략 끝이다. 부모의 수명은 한계가 있고, 살아 있어도 예전 같지 않기에, 당대의 인생유전은 사십대부터 본격화된다.

다음은 소위 과거의 명문고와 명문대를 나온 사회 선배님의 회고담이다.

나는 시골 중학교에서 서울의 명문고등학교로 유학을 왔다. 나와 달리 동기생들은 경제적으로 여유 있고 배경도 좋았다. 아무래도 사회생활을 시작해도 상당히 좋은 입장에서 시작했다. 그런데 마흔 무렵부터는 상황이 달라졌다. 배경 없이도 자신의 능력으로 두각을 나타내는 동기생들이 많아지고, 배경의 프리미엄 혜택을 받았던 동기생들은 자신의 역량만큼 자리를 잡게 되었다. 30대까지는 부모의 그늘이지만 40대부터는 자신의 능력이라는 점을 실감한다. 이유는 시간 간격에 있다. 부친이 60세 전후에 퇴직하면 한동안은 힘을 쓴다. 15년 정도가 지나면 현직現職에 있을 때 직접 관계를 맺었던 부하 직원들이 임원으로 퇴직하는 시기가 된다. 이들이 퇴직하면 70대 중반에 이른 전직前職의 힘이 빠지는데 이때 자식의 나이가 마흔에 접어든다.

19세기 영국의 사상가 토머스 칼라일은 "인간이라는 존재는 가난을 이기는 이가 100명이라면 풍요를 이기는 이는 한 명도 안 된다"고 했다. 인간의 삶을 정태적으로 보면 가난과 풍요는 변하기 어렵다. 하지만 동태적으로 보면 세대가 내려오면서 개인의 인생도 바뀌게 된다.

또한 인간의 삶은 복잡계이다. 출발이 앞섰다고 마지막까지 앞서라는 법은 없다. 1등이 꼴찌가 되고, 꼴찌가 1등이 되는 동태적 복잡계이다. 이러한 변곡점이 마흔 무렵이다.

마흔 무렵부터
내 돈이 모인다

1989년 6월 첫 직장인 S증권회사에 입사했다. 당시 증권회사는 1980년대 우리나라 경제의 3저低 호황으로 호시절을 누리고 있던 때였다. 제대하고 취업을 생각하면서 지인들을 만나도 자본시장의 미래 성장성을 높게 보고 증권회사를 많이 권했다.

당시 증권회사에 입사해 일하고 있던 학교 친구가 "여기는 월급을 한 달에 한 번이 아니라 여러 번 준다. 정기 보너스, 특별 보너스, 피복비 등 갖가지 명목으로 잊을 만하면 돈이 나온다"는 말에 반신반의했던 기억이 난다. 운 좋게 합격이 되어 출근하고 연수과정을 거쳐서 부서에 배치받았다.

증권회사 임직원들은 증권사가 상장하면서 배분한 우리사주 조합 주식이 로또복권이 되어 모두 1억 원 이상을 보유하고 있다는 사실을 알게 되었다. 당시 강남의 중형 아파트 한 채가 5천만 원이었으니 지금으로 환산하면 1인당 최소 20억 원 이상의 자산을 보유한 셈이다. 나보다 1~2년 먼저 입사한 신참들이 1억 원을 넘었으니 간부진들은 말할 것도 없었다.

또한 우리사주를 일부 팔아서 주식투자를 하면서 많은 수익을 내고 있었다. 새파란 나이에 목돈을 쥐었으니 씀씀이가 커진 것은 당연했다. 여직원들의 모임 장소는 근방의 호텔이었다. 남자 직원들의 저녁 모임도 윤택했고, 월급은 푼돈으로 취급했다.

나는 월급 40만 원을 받아서 하숙비, 교통비, 밥값으로 사용하면 남는 돈도 없었다. 월급을 한 푼도 쓰지 않고 모아봐야 1년에 500만 원, 10년에 5천만 원이니 20년을 모아야 겨우 1억 원으로, 그마저도 부서 직원들이 보유한 자산에 비하면 가장 적은 수준이었다. 더치페이하는 부서원들 모임의 참석 자체가 어려우니 소외감도 당연했다.

입사 동기들이 모이면 신세 한탄이 이어졌다. "1~2년 늦게 입사하는 바람에 영원히 따라갈 수 없는 간격이 생겼다. 우리 인생은 희망이 없다." 절대적 빈곤보다 상대적 빈곤에 따른 박탈감이 더 크다는 사실을 실감했다.

나도 박탈감은 공유했지만 그러려니 하고 직장생활을 계속했다. 그런데 10년 정도 지나면서 상황은 반전되었다. 주식시장이 침체하고 직원들의 수입도 줄었건만, 씀씀이를 유지하다가 결국 주가폭락으로 재산을 날리고, 늘어난 빚으로 허덕이는 경우가 많았다. 반면 옹기종기 모여서 신세 한탄하던 동료들은 작은 집이라도 마련하고 나름대로 경제적 기반을 구축했다.

무엇보다 일확천금을 맛본 사람들은 이를 잊지 못하고 계속 다음 기회를 찾아다니면서 쇠락하는 반면 착실하게 생활하는 사람들은 자신의 영역에서 성장해나갔다. 나는 다행인지 불행인지 우리사주 혜택을 받지는 못했지만 지금 생각하면 오히려 잘된 일이라고 생각한다. '소년등과 패가망신少年登科 敗家亡身'은 약관에 출세하면 오히려 화가 된다는 역설적 교훈이다.

나는 성장기에 어르신들의 "젊어서 버는 돈은 자기 것이 아니다. 나이가 되고 철이 들어서 버는 돈이 진짜다"라는 말씀을 많이 들었다. 들을 때도 별로 공감하지 않았지만 말단 사원 시절에는 오히려 부정하고 싶었다. 나이 서른 정도 먹었으면 알 만큼 아는 나이이고, 일찍 벌어서 잘 관리하면 되지 않나 싶었다.

그런데 살아보니 마흔 무렵은 되어야 철이 든다. 물론 사람에 따라 다르고 어떤 사람은 환갑이 넘어도 철이 없기도 하다. 하지만 내 세대의 라이프 사이클에서 마흔 무렵이면 사회생활 10년이 넘어가면서 이런저런 고민과 굴곡을 경험하고, 결혼해서 가정을 이루면서 세상과 인생을 보는 시각이 깊어진다. 30대 초중반의 성공은 우쭐해서 오히려 세상을 만만하게 보는 독소가 되기 쉽다고 생각한다.

1992년 증권사 지점으로 이동했다. 그야말로 다종다양한 사람을 대하는 지점 영업사원 업무는 나를 세상을 낭만적으로 막연히 바라보는 미성년에서 세상의 진면목을 이해하는 성년이 되게 하는 출발점이었다. 증권사 지점은 이유 여하를 막론하고 돈을 벌려는 사람이 모여드는 진검승부의 장소이다.

누구나 돈을 잃으면 화가 나고, 벌면 기분이 좋아진다. 내 일터가 매일 이런 일이 벌어지는 공연장이었다. 나는 직업이기도 하지만 나에게도 기회가 있다고 생각하고 언필칭 목숨을 걸고 공부하고 투자자들을 관찰했다. 1년여 지켜보면서 큰돈은 노력한다고 버는 것만은 아니고, 운도 따라야 한다는 결론에 이르렀다. "큰 부자는 하늘이 내리고 작은 부자는 사람의 노력이다"는 격언과 같은 맥락이다.

무엇보다 나의 기질이 주식투자에 맞지 않았고, 이후에도 주식 근처에는 얼씬도 하지 않는다. 만약 내가 일확천금의 미련을 버리지 못하고 주식 근방을 배회했다면 그다지 좋은 결과로 이어졌을 것이라고 생각되지 않는다.

30대 중반에 들어서면 마음이 조급해진다. 주변에서 앞서나가는 동년배들이 생기기 시작하면 자신과 비교되기 때문이다. 그러나 누구에게나 나름의 인생경로가 있게 마련이다. 약간 늦게 가도 아무 상관없다. 오히려 남보다 일찍 가게 되면 겸손한 마음으로 감사하면서 교만을 경계해야 한다.

2장

—

중년 몸살,
위로받고 싶은가?

—

40대의 외로움은
숙명이다

삶이란 고단하고 외롭다. 물론 좋은 시절도 있고, 동행하는 가족과 친구도 있지만 기본적으로 그러하다. 어린 시절과 성장기에는 이해하기 어려울 것이다. 젊은 시절에는 친구와 함께하는 시간이 즐겁고, 연인과 보내는 시간은 영원도 찰나처럼 느껴질 정도로 행복하다.

또한 세상사람 모두가 서로 아끼고 이해하면서 살아가는 가족과 같은 관계 형성이 가능할 것이라는 소망도 강하다. 하지만 나이가 들면 가족간의 관계도 달라지게 마련이다. 하물며 타인과의 관계는 말할 것도 없다. 마흔에 접어들기 시작하면 가족과 직장

에서의 역학구조가 변하기 시작한다. 외롭다는 생각을 하지 않을
수 없다.

결혼해서 부모가 되어보면 자식은 특별한 존재임을 실감하게
된다. 속담에 "자식은 전생에 빚쟁이"라고 하는데, 정말 내가 가
진 모든 것을 주어도 아깝지 않다. 통상 30대까지는 자녀의 아동
기와 초등학교 시절이다. 언제 보아도 귀엽고 사랑스럽다. 회사
일이 바빠서 많은 시간을 함께하지 못하는 점이 늘 아쉬울 뿐
이다.

그러나 40대로 접어들어 자녀가 중고등학교를 다니게 되면 스
토리가 달라진다. 사춘기의 감정변화에 나름대로 자신의 세계가
형성되면서 불만이 많아지고 부모를 보는 눈도 달라진다.

예전의 천진난만했던 아이가 이렇게 변하나 하면서 놀라는 순
간도 찾아온다. 주말에 가족들이 함께하는 간단한 외출도 흔쾌히
따라나서지 않는다. 가족들과의 저녁보다는 친구들을 만나 컵라
면 먹는 것을 더 좋아하는 모습에서 부모로서 거리감을 느끼게
되는 것은 당연하다. 돌이켜보면 나 자신도 과거 중고등학교에
들어가면서 똑같이 행동했으니 이상하게 생각할 것도 없다.

배우자와의 관계도 마흔 중반부터는 상당히 달라진다. 어린 자식들을 같이 돌보는 젊은 시절과 달리 아이들의 건강, 공부, 진로 등과 관련해서 배우자도 스트레스를 받게 마련이다. 또한 마흔에 접어들면 서로 주장도 강해지기 때문에 의견충돌도 잦아진다. 남자의 입장에서는 젊은 시절 나를 위로해주던 구원의 여신은 이제 존재하지 않음을 알게 된다.

마흔 중반이 되면 부모님이 아프시거나, 세상을 떠나는 경우가 생긴다. 부모님은 어린 시절부터 언제나 계셨던 인생의 주춧돌이다. 칠순의 나이에 접어들면서 이런저런 노환이 생기시기 때문에 보살펴야 하는 자식도 경제적으로나 심리적으로 힘든 경우가 많다. 마흔 중후반에 병으로 부모님이 세상을 떠나시면서 쓸쓸한 심정이 되기도 한다.

마흔 무렵부터는 직장에서는 중견이다. 팀장 정도의 중간간부 역할을 주로 맡으면서 부하직원들에게 리더십을 발휘해야 하는 연령대이다.

대개 소규모 조직의 리더로서 상당히 책임감을 가지고 업무를 처리하고 직원들을 대해야 하는 입장이다. 초년병 시절과 달리 감정표현도 절제해야 하고 동료들과 불만을 털어놓기도 어렵다.

마흔 무렵부터 자식들과 배우자는 멀어지고, 연로하신 부모님은 아프시거나 세상을 떠나기 시작하고, 직장에서의 책임감은 커지고 행동과 감정은 절제해야 한다. 이러한 변화는 소위 '군중 속의 고독'이라고 표현하는 중년의 외로움으로 나타난다. 남을 위해 살아가는 시기인 점을 수긍하더라도 때때로 나도 위로받고 싶은 마음이 들기도 한다.

나 자신을 돌아보면 40대 중반이 무척 힘들었다. 40대 초반은 S그룹을 떠나 딜로이트에 입사하고 새로운 환경에 적응하기 위해서 고군분투하던 시기였다. 나름대로 조직에서 역할을 찾아가는 즈음에 어머니께서 세상을 떠나셨다.

그 이후에 고향에서 홀로 계시는 아버지에 대한 미안함으로 나름대로 보살펴 드리는 와중에 아버지 역시 깊은 병환이 생기셨다. 살아 있는 아버지의 얼굴을 오래 뵙기도 어렵겠다고 생각하면서 심정이 복잡했다. 또한 집안에 우환이 생기면 이런저런 문제가 파생되기 마련이다.

이런 와중인 2008년에 글로벌 금융위기가 터지면서 직장에서의 스트레스는 극도로 높아졌다. 고객인 기업 입장에서는 1년 후의 생사 여부를 예측하기 어려운 상황에서 외부 컨설팅을 받는 것은 어불성설이었다. 당시 컨설팅 파트너로 근무하던 내 입장에서는 나 개인이 아니라 조직 전체의 사활이 불투명한 절체절명의 위기상황이었다.

　나는 집에서 밖의 이야기를 별로 하지 않고, 밖에서는 집의 이야기를 거의 하지 않는다. 어차피 이야기한다고 문제가 풀리는 것도 아니고, 개인적인 문제를 타인에게 굳이 이야기할 필요가 없다는 생각 때문이다. 당시에도 마찬가지였다. 하지만 집과 직장에서 스트레스가 복합적으로 동시에 닥치니 그야말로 심신이 피로했고, 집에서도 직장에서도 나의 고통을 이해해주는 곳이 없어 외로웠다.

　생각을 많이 한다고 답이 나오지도 않는 상황에서 하루하루 견뎌 내자는 마음으로 아침을 시작했다. 누군가 위로해주었으면 하는 심정도 컸지만 어차피 내가 견디고 이겨내야 한다고 생각하면서 매일 '인내忍耐'라는 단어를 수십 번 되뇌이며 살았다. 아버지의 병환은 개인의 운명이지만 내가 이끄는 조직의 사활은 다른 차원의 현실이었다.

　당시 큰 위안을 주었던 책이 마키아벨리의 『군주론』이다. 나는 『군주론』에서 리더가 가져야 할 현실적 덕목을 접하면서 '용기와 지혜'를 얻었다. 특히 리더의 역할은 '공동체를 유지하는 것'이란 부분에서 내가 취해야 할 기본 입장을 발견했고, 언제나 염두에 두고 하루를 견뎌냈다.

시간이 흐르고 이런저런 상황들이 매듭지어졌다. 아버지께서는 세상을 떠나셨고, 글로벌 금융위기에서는 벗어났다. 떠나신 아버지의 빈자리는 컸지만, 그래도 말년에 집에 모셨음을 위안으로 삼았다. 10여년의 세월이 흘러 이제는 과거가 되었지만 당시는 내 인생에서도 큰 시련이었고, 중심을 잃지 않고 비교적 잘 헤쳐 나왔음에 항상 감사한다.

마흔이 넘어서 가족과 부모님, 직장에서 겪는 이러한 일들은 비단 나만이 아닐 것이다. 어떻게 보면 중년을 살아가면서 견뎌야 하는 통과의례에 가깝다. 하지만 이겨내는 과정에서 느끼는 외로움도 깊어진다. 가족들의 성원은 큰 힘이 되지만 어차피 내가 해결할 수밖에 없는 문제들이다. 40대의 외로움은 일종의 숙명이라고 생각해야 불필요하게 감정을 소모하지 않는다.

위로받기 원한다면
자신을 되돌아보라

위로, 힐링 등의 단어가 유행어이다. 험난한 세상을 살면서 생기는 마음의 상처를 위로받고 치유하려는 세태의 반영이다. 인간이란 먹고 사는 삶의 기본적 조건을 해결하고 생존의 긴장감이 적어지면 마음이 복잡해지는 모양이다. 남녀노소를 불문하고 마음을 다스려서 평온을 유지하는 책과 프로그램 등이 인기를 끌고 비즈니스 트렌드를 형성한다.

20세기 말인 1999년 12월 마지막 주에 발간된 미국의 인기 시사주간지 〈뉴스위크〉에는 '20세기 부상한 산업, 21세기 부상할 산업'이라는 기사가 실렸다. 기사에서 소개하는 여러 항목 중

20세기에 '몸짱Physical Fitness'을 만드는 다이어트가 성장산업이었다면, 21세기는 '멘짱Mental Fitness'을 만드는 산업이 각광을 받으리라는 예측이 눈길을 끌었다.

20세기는 인류가 역사상 최초로 굶주림에서 벗어난 시기였다. 20세기 초반 화학비료의 발명에서 시작된 녹색혁명으로 농업생산력이 비약적으로 발전하면서, 식량증산이 인구증가를 따라가지 못해 인류는 파멸할 것이라는 19세기 초반 맬서스의 우려는 그야말로 기우가 되었다. 반면 풍부해진 식량은 과식을 일상화하면서 비만이 새로운 문제가 되었다.

호모 사피엔스는 30만 년 동안 주변에 음식이 있으면 본능적으로 먼저 먹고 보는 방향으로 진화했다. 식량조달은 항상 불안정하지만 본능인 배고픔은 언제나 찾아오기 때문에 일단 먹고 보는 것이다. 그리고 남는 영양분은 체내지방으로 만들어 저장하고 있다가 식량이 부족하면 지방을 다시 꺼내 에너지로 만드는 생리적 구조이다.

19세기까지 인구의 90% 이상이 농촌에 살았다. 아침부터 저녁까지 몸을 움직이면서 일하는 구조였다. 하지만 20세기 중반부터 도시화가 급격히 진행되고 대중교통, 가전제품이 발달하면서 운동량은 급속히 줄어들었다. 본능에 따라 과식이 일상화되는 반면 운동량은 줄어드니 비만은 당연한 귀결이었다.

비만 해결을 위해 생겨난 건강한 몸을 위한 다이어트는 20세기 후반의 성장산업이었다. 21세기는 건강한 마음으로 확장되었다. IT기술이 발달하고 정보가 많아질수록 세상살이는 빨라지고 복잡해지면서 불안감은 증폭되고 스트레스가 커지기 때문이다.

물질적 의식주의 해결에 반비례해서 내면은 더욱 불안해지고 정신적 행복감은 줄어들기 때문에 21세기에는 종교, 명상, 요가, 심리상담 등이 부상하고 있다. 심리학이 인기를 끌고 휴가철에 템플스테이에 사람들이 몰려들며, 마음의 평화를 다루는 도서들이 베스트셀러 상위권의 단골손님이다.

그렇다면 21세기 들어 사람들의 삶이 갑자기 힘들어져 위로가 필요했던 것일까? 실제로는 반대이다. 삶이 풍요로워지고 생존의 기초 조건이 해결되었기 때문에 마음의 병도 병이 되고, 멀쩡한 삶도 위로받아야 한다고 생각하는 측면이 강하다.

불과 100~200년 전의 세계는 신분제에 따른 차별, 전쟁과 굶주림에 대한 공포, 권력이 야기하는 인권 유린이 일상적이었다. 인구의 90%는 교육의 기회도 없고, 배불리 먹지도 못하고, 힘센 무리에 찍히면 그냥 죽어야 하는 현실이었다. 하지만 지금은 의식주의 기본 조건이 상당히 해결되었고 근대적 법치의 체제에서 기본적 인권을 보장받는다. 과거에는 육체가 고달프기에 마음까지 신경 쓸 여유가 없었지만 20세기부터 상황은 바뀌었다.

앞으로도 '마음의 평화Mental Fitness' 관련 산업은 계속 성장할 것이다. 섬세하고 복잡 미묘한 감정을 가진 인간의 특성상 심리적 안정을 찾기가 쉽지 않은 것은 당연하지만 그럴수록 더욱 마음의 평화를 추구하는 시시포스적 속성을 지니고 있다. 여기서 삶의 본질이 나온다. 삶은 어떤 조건에서든 누구에게나 고단하다. 처한 여건에 따라 고단함의 성격과 원천이 다를 뿐이다.

부유하고 지위가 높아 남들에게 선망받는 사람도 건강, 가족 등 나름의 고충이 있게 마련이다. 빈곤하고 힘든 삶은 고단함이 더하겠지만 나름대로의 보람과 희망도 존재한다. 그렇기에 살아지는 것이 삶이다.

다만 각자의 입장과 성격에 따라 느끼는 부담과 심적 스트레스는 다양하다. 사실은 이를 견디는 인내심이 개인적 역량의 핵심이라고 생각한다. 모든 것은 마음에서 출발하기 때문에 마음 다스림은 중요하다. 그러나 힐링, 치유라는 관점이 몸과 마음의 균형으로, 건강한 삶으로 유도하는 본래의 취지와는 달리 자칫 나약한 자기합리화의 함정에 빠져들게 하는 위험성도 있다.

40대에 위로받고 싶다면 자신을 되돌아볼 필요가 있다. 40대 는 가족, 직장 등에서 역할과 부담이 크다. 정신없이 지나가는 하 루하루에서 쌓이는 스트레스도 쌓이는 시기이다. 가끔씩 삶에 대 한 회의도 들고 나도 위로받고 싶은 마음이 든다. 명상-힐링 프 로그램에 관심을 가지며, 종교 활동에도 참여하며 심리상담도 받 아본다.

모두 좋은 일들이다. 하지만 동시에 힐링, 위로 등이 가지는 한 계에 대해서도 분명히 이해할 필요가 있다. 어차피 삶이란 고단 한 것이고, 특히 40대의 심적 부담을 힐링과 위로로 근본적으로 해결할 수는 없다.

모든 것이 과유불급이다. 지나치면 모자람만 못하다고 힐링, 위로도 지나치면 현실에서 마주해야 하는 삶의 본질을 흐릴 수 있다. 심지어 위로와 힐링도 마케팅의 흐름을 타서 현대인의 심 리적 부담을 증폭시키는 측면이 있다. 이러한 종류의 책을 읽다

보면 없는 문제도 생겨나는 느낌이다.

40대에 위로받고 싶은 심정은 충분히 이해한다. 하지만 위로와 힐링이 시친 심신을 달래주기는 하지만 당면한 문제의 해결책이 아니라는 측면도 분명히 알아야 한다. 몸의 컨디션을 조절하는 건강보조식품 정도로 생각하는 것이 현실적이다. 몸에 나쁠 것은 없지만 과도한 기대도 금물이다.

나름의 경험에 비추어보면 위로는 달콤하지만 막연하다. 차라리 현실을 직시하고 출구를 찾으면서 견디는 것이 낫다. 물론 심리적으로 위로받고 싶고 힐링되고 싶은 점은 이해가 가지만 문제해결에는 그다지 도움이 되지 않는 다람쥐 쳇바퀴에 빠지기 쉽다.

청소년 시기에는 따뜻한 위로와 힐링이 성장에 도움이 될 수도 있다. 하지만 마흔에 위로를 기대하는 것은 다른 문제이다. 마흔이 넘은 내가 겪는 고통을 위로받고 싶다면 오히려 자신이 처한 상황과 내면에 대해 돌아보기를 권하고 싶다.

세상은 불공평하면서
공평하다

"세상이 불공평하다고 인정하는 순간 행복이 찾아온다." 신문기자인 친구의 지론이다. 인생 살아보니 어차피 세상살이가 똑같지 않음을 깨달았고, 알고 보면 삶이란 누구에게나 나름대로 어려운 점이 있게 마련임을 실감하면서 내린 결론이다.

사람들은 자신이 충족한 것은 당연하게 여기고 부족한 것만 크게 보고 불평을 한다. 그러나 아예 세상이 불공평하다고 인정하면 역설적으로 자신이 가진 것도 보이더라는 경험담이다. 일종의 불편한 진실에 대한 솔직한 토로라고 생각되었다.

2010년 10월, '행복 전도사'로 불리던 방송인 최윤희 씨가 남편과 함께 생을 스스로 마감했다. 최윤희 씨는 프리랜서 카피라이터로 일하며 늦은 나이에 방송에 데뷔해 활발하게 활동했다. 특히 행복과 관련해 많은 사람에게 강의를 했고, 칼럼과 책을 통해서도 사람들에게 희망을 전하기 위해 노력했다. 인생의 행복은 권리이자 의무라고 설파했으나 정작 자신의 삶은 다른 측면도 있었다.

나는 '행복'이라는 단어를 그다지 좋아하지 않는다. 많이 사용되는 만큼 오용되는 느낌이 강하다. 행복은 기본적으로 개인의 심리상태라고 생각한다. 국가, 조직 등 외부가 "구성원을 행복하게 해주겠다"는 선언이나 약속 자체가 비현실적이다. 다만 누구나 행복을 추구하기에 행복마케팅이 효과적임은 분명하다.

물질과 정신의 결핍이 없는 상태를 행복이라고 한다면 행복을 느끼는 조건인 가족, 건강, 관계, 성취는 개인마다 모두 다르다. 또한 물질적 요소는 국가와 조직이 보완 가능하지만 정신은 별개의 차원이다.

개인마다 행복의 조건이 다르기에 행복을 정의하기도 어렵다. 인생에서 누구나 행복감을 느끼는 순간은 있다. 하지만 24시간

1년 내내 행복할 수는 없는 법이다. 만약 그렇다면 오히려 이상한 것이다. 나는 행복을 '마음에 큰 그늘이 없는 상태에서 특별한 순간을 맞는 느낌' 정도로 정의하고 싶다.

"내게도 수술 날짜를 물어보는 아주머니가 많다. 그러면 나는 '어떤 아이를 낳고 싶습니까' 하고 다시 물어본다. 십중팔구 '공부도 잘하고 돈도 잘 벌고 출세하는 아이를 낳고 싶다'고 답한다. 하지만 그런 아이를 낳게 되면 상대적으로 부모의 운세가 나빠질 수 있다. 예를 들어 똑똑한 남자아이를 낳는 날짜를 택하게 되면 그 아이가 결혼해서 만나는 여자도 아주 기가 셀 가능성이 높다. 강처強妻를 만나게 되는 것이다. 모든 일에는 반드시 빛과 그림자가 있다. 그러기에 돈 많고 공부 잘하고 인물 좋고 배우자 복도 있는 사주는 아주 드물다. 한 가지가 강하면 다른 쪽은 약할 수밖에 없다. 원래 돈이 없는 날짜에 태어나게 돼 있는데, 이를 수술로 바꿔 돈이 있는 날짜에 태어나게 하는 경우가 있다. 그렇게 되면 그 아이는 남의 부잣집에 들어가서 살거나 아니면 부모와 떨어져서 살게 된다. 그것도 아니면 부모가 교통사고로 죽어서 유산을 그 아이에게 남겨 놓게 된다. 그러면 자연스럽게 자식이 돈을 만지게 된다. 팔자의 이치는 '일득일실一得一失'이다."
- '한국의 방외지사 18 : 컴퓨터 도사 김상숙' 〈신동아〉 2005년 6월호

아이를 낳기 전에 좋은 시간을 잡아서 제왕절개를 하겠다고 미리 천시를 잡아달라고 부탁하는 경우에 대한 이야기이다. 결국 하늘은 모든 것을 다 주지 않는다는 임상경험이다. 역학을 맹신하지 않아도 나이가 들면 운명의 존재를 인정하게 되고, 주변을 둘러봐도 모든 좋은 점을 누리는 사람은 사실상 없다는 것을 실감하게 된다.

길에 지나가는 사람을 붙잡고 "당신 행복하냐"고 물어보았을 때 "정말 행복하다"고 대답하는 사람이 몇 명이나 있을까. 오히려 "정말 행복하다"고 대답하는 사람이 있다면, 경지에 오른 도인이거나 얼간이거나 둘 중의 하나이다.

소년 치르치르와 소녀 미치르에게 늙은 요정이 찾아온다. 요정은 한 아픈 아이의 행복을 위해서 파랑새를 찾아달라고 부탁한다. 요정이 건넨 다이아몬드가 박힌 모자를 쓰자 눈앞에 신기한 광경이 펼쳐진다. 늙은 요정이 젊고 아름답게 보였고 물, 우유, 사탕, 빵, 불, 고양이, 개의 영혼이 보였다.

두 사람은 영혼들과 함께 파랑새를 찾아 떠난다. 시간의 안개를 뚫고 추억의 나라에 도착한 치르치르와 미치르는 돌아가신 할아버지와 할머니를 만나지만, 파랑새는 없었다. 밤의 궁전, 숲과 묘지, 미래의 왕국을 다녀보지만 찾지 못했다. 결국 빈손으로 집에 돌아온 두 아이는 영혼들과 작별인사를 하고 잠든다.

다음날 아침, 잠에서 깬 두 아이는 집안의 새장에 있던 새가 바로 파랑새임을 깨닫고 반가운 마음에 새장을 여는 순간 파랑새는 멀리 날아가버린다.

어린 시절 명작동화로 읽었던 '파랑새'의 줄거리이다. 벨기에의 극작가 모리스 메테를링크Maurice Maeterlinck가 1906년 쓴 아동극이다. 동화 속에서 파랑새는 '행복'으로 해석된다. 파랑새를 찾기 위해 여기저기 헤매지만 결국 집안의 새장에서 파랑새를 찾게 되는 모습을 통해 우리의 행복은 먼 곳이 아닌 가까운 곳에 있다는 메시지이다.

인생은 불공평하다. 나에게 있는 것이 남에게 없고, 남에게 있는 것이 나에게 없게 마련이다. 그런데 사람들은 나의 것은 당연하고, 남의 것도 나에게 있어야 한다고 생각하면서 공평하지 못하다고 분노한다. 그런데 살아보니 '일득일실一得一失'이 맞다고 생각한다.

건강, 가족, 금전, 지위, 수명 모든 것을 갖추기는 어렵고 이런 상황이 평생을 가기는 더욱 어렵다. 물론 드물게 그런 경우도 있지만 그렇다고 분노하고 나의 삶을 폄하할 필요는 없다. 각자 자신의 삶을 살아가는 것이다. 인생의 불공평을 인정하면 행복이 시작된다. 생각의 변화가 바로 파랑새이다. 반면 인생의 불공평에 분노하는 한 파랑새는 언제나 멀리 있다.

인생은 짧지만
부침을 겪을 만큼은 길다

어르신들이 "살아보니 인생이 짧다"라고 하셨던 말이 실감나는 나이가 되었다. 초등학생 때는 고등학생이 어른 같아 보였고, 고등학생이 되니 대학생이 어른 같아 보였다. 대학생 시절에 50대 중년은 인생 다 살아버린 듯이 보았는데, 막상 내가 그 나이가 되어보니 아직도 마음은 고등학생이다. 역시 인생은 짧지만 부침을 겪을 만큼은 충분히 길다고 생각한다.

인생길이란 부침이 있게 마련이다. 달콤한 성공과 쓰라린 실패가 교차한다. 자기 잘못이나 능력 부족이 아닌 통제할 수 없는 환경적 요인으로 난관에 처하는 경우는 더욱 견디기 어렵다.

20여 년 전 직장에서 상사로 모셨던 분은 가난한 집에서 태어나 많은 어려움을 겪었던 분이셨다. 같이 근무하던 회사가 문을 닫고 각자 갈 길로 흩어지면서 석별의 정을 나누는 저녁식사 자리에서 말씀하신 교훈은 항상 마음에 새기고 있다.

　"학창시절 노점상까지 하면서 학비를 벌었다. 밀짚모자 쓴 노점상이라고 무시하는 폭언과 멸시는 어린 나이에 견디기 어려웠다. 이후 졸업하고 사회생활을 하면서도 나름대로의 부침은 불가피했다. 이런 경험으로 인생살이의 오르막과 내리막은 어쩔 수 없었지만 이를 받아들이는 태도는 터득했다. 즉 오르막에서는 화려한 옷을 입고, 내리막에서는 남루한 옷을 입고 있지만 나 자신은 그대로라는 자각이다. 남들이 나를 보는 시선은 변하지만, 옷 안에 있는 나는 변함이 없다고 생각하면, 좋을 때 덜 교만해지고 어려울 때 밑바닥까지 가지는 않는다. 그리고 좋은 입장에 있을 때 주변에 조금이라도 베풀면 어려울 때 나를 도와주기 때문에 힘을 얻고 또 살아가게 되더라."

　인생의 부침은 누구에게나 있게 마련이지만 이에 대처하는 태도와 방식은 사람마다 다르다. 이러한 차이에 따라 인생의 가능성이 확장되기도 하고 위축되기도 한다. 특히 부침에 따라 흔들리지 않으려면 마음의 중심이 필요하다. 그렇지 않으면 잘나갈 때 붕 뜨고, 못 나갈 때 바닥으로 추락하는 롤러코스터 인생이 된다. 앞서 언급한 상사에게 마음의 중심은 종교였다.

특히 40대는 부침이 많은 연령대이다. 30대까지가 준비기라면 40대부터 본격적으로 자신의 영역을 만들어 나가기 때문이다. 사회적 삶에서 50대는 40대의 연장선이다.

40대의 부침에 현명하게 대처하기 위해서는 종교, 신념, 가치관 등에서 연원하는 마음의 중심이 잡혀 있어야 한다. 일종의 인생관이라고 표현해도 좋다.

자신의 삶을 바라보는 관점이 정립되어 있지 않으면 상황 변화에 따른 흔들림은 당연하다. 남들보다 못한 부분에서 좌절하거나 분노하고, 남들보다 잘난 부분에서 우쭐하고 교만하게 된다.

특히 어려움이 닥쳤을 때 객관적으로 바라보지 못하고 자신의 입장에서 해석해 본질을 놓치고 시간을 낭비하는 경우를 피해야 한다. 현실을 직시하되 희망을 잃지 않는 합리적 낙관주의가 특히 필요한 시기이다.

미국의 해군 장교였던 제임스 스톡데일은 베트남 전쟁에서 포로가 되어 8년(1965~1973) 동안 베트남의 하노이 포로수용소에서 생활했다. 수감 기간 동안 스무 차례가 넘는 고문을 견뎌냈고, 동료들에게 용기를 불어넣으며 끝까지 살아남았다.

그는 석방되어 귀국한 뒤 현역으로 복귀해 중장으로 전역했다. 스톡데일의 회고에 따르면 수용소에서 가장 일찍 죽는 사람은 비관주의자가 아니라 근거 없는 낙관주의자였다. 자기 자신에게 일종의 최면을 걸고 희망을 불어넣다가 좌절되면 실망하고, 다시 막연한 희망을 갖고 기다리다가 끝내 극단적인 실망에 빠져 죽음에 이르렀다는 것이다. 반면 분명히 풀려난다는 신념을 가지되, 단기간 내에 석방은 어렵다고 생각한 사람들은 수용소 생활을 받아들이고 견뎌냈다.

이후 사람들은 극한 상황의 어려움을 이겨내는 합리적 낙관주의를 '스톡데일 패러독스'라고 부르기 시작했다. 스톡데일 패러독스에서 어려움을 극복하기 위해서는 현실을 냉정히 받아들이되 성공하리라는 믿음을 잃지 않는 합리적 낙관주의가 필요하다는 교훈을 얻을 수 있다.

막혔다고 생각되면
관점을 바꾸자

이슬람의 술탄이 신하들을 모아놓고 회의를 하고 있었다. 술탄은 신하 한 명이 자신과 다른 의견을 피력하자 기분이 나빠졌다. 좋은 말로 설득했지만 계속 반대의견을 고집하자 화가 치밀어서 즉석에서 신하에게 사형선고를 내렸다. 순식간에 싸늘해지는 분위기에서 신하가 입을 열었다.

"폐하, 죄송합니다. 제가 불충했습니다. 명령대로 제가 죽는 것은 받아들이겠습니다만, 마지막으로 한 가지 드리고 싶은 말씀이 있습니다. 제가 젊은 시절에 스승을 만나서 수련할 때입니다. 스승께서 비법을 전수하면서 꼭 후계자에게 전수하고 죽어야 한다고 당부했습니다. 하지만 제가 일찍이 폐하께 발탁되어 업무를 하느라 아직 후계자를 만들지 못했습니다. 지금 죽는다면 제 목숨보나 세상에서 사라질 비법이 아깝습니다."

그러자 술탄이 어떻게 하면 좋겠느냐고 물었다. 신하는 말했다. "제게 1년의 시간을 주십시오. 그러면 저기 있는 개에게 사람의 말을 가르쳐서 말을 하도록 하겠습니다." 그래도 술탄이 도저히 믿을 수 없다고 하자 신하는 "지금 여기에 다른 증인들도 있습니다. 만약 1년 후 제가 약속을 못 지킨다면 즉시 죽여주십시오"라고 말했다. 결국 술탄은 반신반의하면서도 워낙 진지한 태도로 요청하니 속는 셈치고 허락했다.

자리가 파하고 궁궐을 나오는 길에 절친한 동료신하가 걱정어린 목소리로 물었다. "자네, 정말로 개에게 사람의 말을 가르칠 수 있는가? 걱정이 되어서 물어보니 나에게는 알려주게나." 신하는 대답했다. "아니, 그런 비법은 없네." 동료가 "어쩌자고 대책도 없이 그런 약속을 하는가?"라고 책망하자 신하는 대답했다.

"어차피 그 자리에서 나는 죽은 목숨일세. 하지만 나는 살려달라고 애걸하지 않고 폐하와 약속했네. 폐하의 개가 말을 하도록 가르치는 1년의 시간을 벌었지. 그동안 어떤 일도 일어날 수 있다네. 먼저 개가 죽을 수도 있네. 개가 죽으면 약속은 달라지는 것이지. 다음으로 개를 죽일 수도 있다네. 마찬가지 결과이지. 1년 안에 폐하가 죽을 수도 있네, 또한 1년 안에 내가 죽을 수도 있지. 혹시 폐하의 마음이 바뀔 수도 있고, 그렇지 않으면 나는 1년을 더 살고 죽으면 되네. 마지막으로 1년 후에 개가 진짜 말을 할 수도 있지 않은가?"

상상력이 풍부한 내용으로 황당하지만 의미는 깊다. 탈출구가 안 보이는 절대절명의 상황에서 시간의 변수를 넣으니 구도가 완전히 달라진다는 의미이다. 즉 현재의 구도에서 도저히 방법을 찾지 못하는 경우 다른 변수를 대입하면 구도가 달라지고 타개책이 나온다는 것이다.

살다 보면 사방이 꽉 막힌 듯한 느낌이 들 때가 있다. 불가항력적인 변수가 나의 삶을 압박하는데 할 수 있는 것은 별로 없다. 아무리 고민해도 뾰족한 방법은 없고, 마음을 비우고 도망치는 것도 불가능하다. 나 자신 가끔씩 이런 상황에 맞닥뜨린다.

회사생활에서는 1997년 근무하던 경제연구소의 폐쇄, 2008년 9월 리먼 브라더스 파산 전후였다. 2008년은 컨설팅 회사의 파트너로 근무하고 있을 때인데 그야말로 앞이 캄캄했다. 대부분의 기업들이 유동성을 우려하는 상황에서 외부에 컨설팅을 발주하는 것은 기대하기 어려웠다. 기존에 수행하던 업무도 줄줄이 중단되는 상황이었다.

1997년의 실직은 30대 중반의 개인적인 문제였지만 2008년은 40대 중반에 이른 책임자로서 부담감이 막중했다. 회사에서는 나만 쳐다보는데, 솔직히 나도 별 수는 없었다. 덮쳐오는 글로벌 금융위기를 난들 어떻게 하겠는가. 그렇다고 직원들에게 약한 모습을 보이면 분위기는 더욱 악화되니 복잡한 심사를 내비치기도 어렵다.

눈을 뜨고 숨 쉬고 있기가 고통스러운 시간이었다. 나는 하루에도 수십 차례 마음속으로 인내忍耐와 진인사대천명盡人事待天命, 이 두 단어를 되뇌이면서 일종의 자기 최면을 걸었다. '하루하루를 참고 견디자. 그리고 최선을 다하되 결과는 겸허히 하늘에 맡기자.'

당시 상황을 시뮬레이션 해보니 신속히 긴급조치를 취하면 1년 가까이 버틸 수 있었고, 현 상황에서 행운을 기다리면 3~4개월이 한계였다. 단기간에 해결되기는 어렵다고 판단해 일단 급한 불을 끄고 시간을 벌어 견디는 쪽으로 방향을 잡았다. 다행히 6개월 정도가 지나면서 상황이 호전되어 위기를 벗어날 수 있었다.

이 과정에서 적지 않은 직원들이 회사를 떠났고, 급여도 줄어들었지만 모두 처한 환경과 내 입장을 이해한 점은 지금 생각해도 고맙다. 나 자신 매우 힘들었지만 '인내하면서 최선을 다하고 결과는 하늘에 맡긴다'는 다짐이 그래도 번민과 고통의 시간을 견디게 해주었다.

3장

마흔, 나를
직시해야 할 때다

허영보다 자부심이
중요하다

인문학의 트렌드 속에서 심리학 관련 도서에 대한 관심이 높아지고 있다. 오스트리아 심리학자 알프레드 아들러Alfred Adler의 사상을 대중적으로 풀어쓴 일본 저술가 기시미 이치로의 『미움받을 용기』가 큰 인기를 얻고 있다.

아들러는 심리적 문제는 자기 자신에 기반하며, 이의 극복 또한 스스로의 마음가짐에 달렸음을 강조한다. 타인의 인정에 집착하지 말고 자신과 타인의 과제를 명확히 구분해야 하며, 그 과정에서 타인으로부터 미움받을 것을 두려워 말고 극복해야 한다는 것이 핵심 메시지이다.

아들러 심리학을 소개하는 책 『미움받을 용기』가 우리나라와 일본에서 인기를 얻는 이유는 집단을 중시하는 사회문화적 분위기에서 개인들의 내적 갈등이 심하기 때문이다. 서양에서도 가족과 집단을 중시하지만 개인의 가치를 더 우선시한다.

미국의 문화인류학자 루스 베네딕트가 1946년에 펴낸 『국화와 칼』은 일본 문화 분석의 고전이다. 베네딕트는 일본문화를 포함한 동양문화를 '수치shame의 문화', 서양문화를 '죄의식guilt의 문화'로 구분했다. 이러한 구분에서 도덕을 바라보는 관점의 차이가 명확히 나타난다.

수치심은 내가 잘못했다는 자각이 아니라 남들이 나를 잘못했다고 비난하는 지점에서 출발한다. 예를 들어 길에 쓰레기를 버리면서 나 자신은 별다른 문제의식을 느끼지 않는데, 남들이 나의 행동을 비난하면 수치심을 느끼고 중단한다. 나보다 남을 의식하며 살아가는 의식구조이다.

반면 죄의식은 나와 신의 문제, 나와 양심의 문제로 귀착된다. 길에 쓰레기를 버리는 행동에 대해 남들이 나를 비난할지라도 나의 양심에 비추어서 거리낌이 없으면 그만이다. 반대로 남들이 비난하지 않아도 나의 신이나 내면의 양심에 비추어서 문제가 있으면 죄의식을 가진다. 도덕의 관점에서 수치심은 나와 남과의 관계에서 출발하고, 죄의식은 나의 내면적 가치와 신념이 기준이다.

서양은 유일신 체제의 기독교가 발달하면서 나와 신, 나와 양심 등의 기본구조가 생겨났고, 르네상스와 종교개혁을 거치고 근대가 형성되면서 개인의 권리와 법치의 개념이 확립되었다. 반면 동양은 다신교 또는 유일신의 개념이 약한 규범의 구조였다. 절대자가 부재하니 개인이 아닌 집단에서의 수직적 수평적 관계가 판단의 기준이 되었다. 또한 개인의 권리와 인권 등의 근대적 개념도 서양문명에서 도입되다 보니 한계가 있었다.

21세기 디지털 시대인 오늘날 동서양을 막론하고 외양적 생활방식은 동일하게 수렴되었다. 하지만 내면에는 개인과 집단을 보는 스펙트럼의 차이가 크다. 특히 우리나라와 일본은 가족, 동료, 동문 등의 집단을 언제나 의식하고 좋은 평판을 유지하고 살아가는 구조이다. 비록 나의 양심에 비추어서 올바른 말과 행동이라도 남을 의식해 절제해야 한다. 남에게 미움받는 것도 용기가 없이는 어려운 일이다.

그런데 이러한 부분은 호모 사피엔스 초기의 집단생활과도 맥이 닿아 있다. 원시시대 수렵 집단은 규모가 커질수록 사냥이 잘

되고, 생존성이 높아지지만 내부 갈등도 비례해서 커지고 일종의 권력투쟁도 심화된다. 따라서 집단 구성의 이익과 비용의 접점에서 원시인류의 단위집단은 150명 내외로 형성되었다.

이것이 바로 영국의 진화생물학자 로빈 던바Robin Dunbar 박사가 확립한 '던바의 법칙'이다. 150명 집단의 내부 의사소통을 위해 언어가 발달하면서 일상적 잡담이 중요한 기능을 수행한다. 잡담을 통해 구성원들의 평판과 능력, 신뢰성에 대한 정보를 교환하고 일상적 의사결정에 반영한다. 씨족 규모의 소집단에서 나쁜 평판이 생겨나면 이유 여하를 불문하고 생존성이 떨어진다. 무리 내에서 발언권이 약해지고 서열이 떨어지면서 다른 구성원들과의 협력이 어려워지기 때문이다.

던바의 법칙은 생명력이 길다. 기원전 6세기 무렵 메소포타미아 지역에 산재되어 있던 마을인구, 18세기 산업혁명 전까지 영국 농촌마을의 표준규모, 고대 로마군단의 백인대(켄투리아)와 오늘날 육군 중대병력의 규모이다. 일반조직에서도 계층적 관리구조 없이 1인이 직접 관리할 수 있는 직원의 숫자를 최대 150명 내외로 상정한다.

근대문명의 발전과정이란 혈연과 신분제의 약화에 다름 아니다. 가족과 씨족 단위에서 부족과 국가가 출현하고, 혈연을 넘어서는 공동체의 가치관과 종교가 발달했다. 특히 서양의 근대에서 진행된 종교의 퇴조, 신분제의 해체, 개인의 정치경제적 권리 신장, 법치 확립은 집단보다 개인을 우선시하는 사회를 출현시켰다. 하지만 동양은 외견상 제도는 도입했지만 내면적으로는 혈연과 씨족의 개념이 강하게 남아 있다.

우리의 내면에 자리하고 있는 나보다 남을 의식하는 문화의 뿌리는 이처럼 깊다. 남들의 평판에 민감하고 칭찬받고 싶어 한다. 비록 올바르다고 생각해도 미움받기 싫어서, 남들의 시선을 의식해서 알아서 자제하는 행동방식이 나타난다. 특히 사회생활을 하는 조직에서 미움받는 것은 거의 자살행위에 가깝다. 옳고 그름을 불문하고 일단 튀는 행동은 집단 차원에서 응징하기 때문이다.

마흔은 이런 점에서도 복합적이다. 평판과 소신의 균형이 필요하다. 평판이 중요시되는 분위기를 무시하고 돌발행동으로 무의미한 비용을 치르는 것은 바보이다. 하지만 평판에 과민해 모든 사람에게 칭찬받으려는 태도도 모자란다. 평판과 칭찬은 중요하지만 때로는 비난과 미움을 감수하고서라도 소신의 관철이 의미가 있으면 그렇게 행동해야 한다.

사회관계 속의 사람들은 어차피 속마음과 겉모양의 줄타기를 모두 하고 있다. 눈앞에서는 듣기 좋은 말로 기름칠을 해도 서로의 말과 행동을 주시한다. 항상 좋은 말이나 하는 연예인 부류와 필요시 강단 있게 행동하는 리더를 내심 정확하게 구분한다. 다만 겉으로 표현하지 않을 뿐이다.

　　일본작가 시오노 나나미는 『로마인 이야기』에서 허영과 야심을 다음과 같이 표현했다. "나는 허영심이란 남에게 좋게 보이고 싶어 하는 심정이고 야심은 무엇인가를 이룩하고 싶어 하는 의지라고 생각한다."
　　동서고금을 막론하고 사회생활에서 평판과 신뢰는 핵심이다. 하지만 세간의 겉도는 평판과 입에 발린 칭찬은 수면 위를 떠다니는 부평초와 같다. 이를 완전히 무시하는 것도 미숙하지만 휘둘리는 것도 경계해야 한다. 오히려 미움을 받더라도 필요에 따라 전략적으로 판단해 자신의 소신을 지키는 것이 진정한 용기이다.

단점이 아닌 장점에
집중해야 한다

사람은 잘하는 것으로 먹고살게 마련이고, 좋아하는 것은 어떤 형태로든 하면서 살게 되어 있다. 50대가 되어서 나름대로 내린 결론이다. 사람을 성격과 재능이라는 2가지 기준에서 보면 성격은 평생 동안 거의 변하지 않고, 재능은 성격과 연결되어 있으면서 노력과 여건에 따라 발전 가능성이 규정된다고 본다.

성격은 변하지 않는다. 초등학교 시절의 급우를 40년이 넘어서 만나도 소극적, 적극적, 재미있고, 조용하고 등과 같은 성격적인 특성은 그대로이다. 그동안의 인생행로에 따라 입장은 좋을 수도 있고 아닐 수도 있지만 성격 자체는 불변이라고 생각한다.

재능은 별개의 문제이다. 고등학교 시절에도 찾아보지 못했던 부분이 30대 이후에 만개하는 모습을 본다.

성격과 재능이 결합된 전체적 특징에서 보면 사람은 결국 잘하는 것으로 먹고살게 되어 있다는 것은 경험과 관찰의 산물이다. 말 잘하는 자는 입으로, 스킨십이 좋은 사람은 인간관계로, 말수가 적지만 꼼꼼한 사람은 성실한 자세로, 사고의 범위가 넓고 지식이 풍부하면 머리로 먹고산다.

소속이 기업이든, 군인이든, 공무원이든 상관없이 조직에서 자신의 장점으로 업무를 수행하고 관계를 구축하면서 인정을 받아 각자의 공간을 확보한다. 보직도 운이 따르기에 자신의 장점을 살릴 수 있는 직책을 맡으면 두각을 나타내기 쉽고, 최소한 자신의 앞가림은 하게 마련이다. 그렇지 않게 되면 열심히 해야 남만큼 하게 되고, 조직생활에 불만도 커진다.

살면서 좋아하는 것은 하게 되어 있다는 것은 선천적 관심사를 해결하면서 산다는 의미이다. 그림을 좋아하면 화가가 되지 않더라도 여가로 그림을 그리거나 화랑을 다니면서 그림을 감상하는 취미가 생긴다. 운동을 좋아하면 직업적 운동선수는 안 되어도 평생 운동을 즐기며 살아간다.

누구나 좋아하는 분야와 관심사를 어떤 형태로든 접하고 충족하면서 살게 되어 있다. 운이 좋아 취미와 관심사가 직업이 된다면 삶의 만족도가 높아지는 것은 당연하다.

취미는 개인적 문제이니 차치하고, 마흔 무렵부터는 장점에 집중해야 한다는 점을 말하고 싶다. 장단점은 성격과 재능의 결합이다. 이 세상에 장점이 없는 사람도 없지만 단점이 없는 사람도 존재하지 않는다. 누구나 장단점이 교차하게 마련이다.

마흔 정도가 되면 장단점은 이미 드러나 있다. 장점을 살리고 단점은 보완하는 것이 모범답안이겠지만 마흔이 넘어서 단점을 보완하는 것은 사실상 불가능에 가깝다. 그래서 장점에 집중하고 단점은 외부와 연계해서 보완해야 한다는 점이 중요하다.

2000년대 중반 회사의 프로그램으로 싱가포르에서 진행되는 리더십 프로그램에 1주일간 참가하게 되었다. 사전에 온라인으로 본인을 포함해 선정된 상사, 동료, 부하에 이르는 관련자들에게 성격과 유형에 따른 설문조사를 진행했다. 현지에서 일종의 유형 테스트와 함께 조별로 나뉘어 토론하는 방식이었다.

도입 부분에서 소개한 리더십에 대한 2가지 정의는 아주 명료

했다. 첫째, 리더십은 지문과 같다. 둘째, 약점이 아닌 장점에 집중하라.

지구상에 살아가는 70억 명의 지문이 모두 다른 것처럼 리더십의 스타일도 사람마다 다르다. 모범답안이 없으니 자신만의 스타일과 유형을 개발해나가야 한다. 또한 장점에 집중해야 한다. 성격과 연결되어 있는 리더십에서 각자의 장점을 살려서 자신의 스타일이 만들어진다.

약점을 보완하는 것은 노력에 비해서 효과가 적다. 평생을 노력해도 성격변화가 어렵듯이 리더십 육성을 위해 약점을 보완하려 들면 백년하청이다.

한 걸음 더 나아가 개인 리더십의 약점은 팀 리더십으로 보완하라는 권고였다. 예를 들어 A리더가 활달하고 스킨십이 좋은 장점이 있지만 꼼꼼하고 치밀하지 못한 약점이 있다. 훈련을 통해 약점을 보완하려는 방향은 효과적이지 않다. 대신 A리더를 보좌하는 넘버 2를 꼼꼼하고 치밀한 B로 선정해 팀 리더십으로 보완하는 방향이 현실적이다. 만약 A와 B가 동일한 성향이면 팀 차원에서 장점은 강화되지만 단점도 증폭되어 팀 전체적으로는 문제가 생긴다.

당시 리더십의 본질에 대한 관점에 깊이 공감했다. 실제로 추후 조직을 운영하면서 큰 도움을 받았다. 사람이 모이면 각자 다양한 특성과 취향을 지니게 마련이고 어차피 완전한 사람은 없다. 따라서 리더그룹의 특성을 파악한 후 리더를 중심으로 상호 보완해 팀 전체 역량의 최대화를 추구하는 것이 인사조직의 핵심이기 때문이다.

리더십의 교훈을 개인에게 적용해보면 동일하다. 마흔 무렵이 되면 자신의 리더십에 대해 생각해보게 된다. 크든 작든 조직을 이끄는 입장이 되기 때문이다. 자신의 장점에 집중하고 단점은 팀 차원에서 보완한다는 방향성은 현실적이다.

도전은 바람직하지만
대가도 따른다

호들갑은 언론매체의 속성이다. 일단 눈길을 끌기 위해서 제목과 토픽을 선정적으로 뽑는 경향이 있다. 정보의 홍수라는 인터넷 시대에는 매체도 폭발적으로 늘어나기에 이런 측면은 더욱 강해진다.

아날로그 시대와 달리 개인들이 다양한 정보를 직접 접하는 디지털 시대에는 언론매체들이 독자들의 눈높이를 따라오지 못하고 무책임한 스토리를 남발하는 경우도 비일비재하다. '자신의 삶을 찾아가는 도전' 류의 콘텐츠가 대표적이다.

청년들이 폭넓은 경험을 쌓기 위해서 남극탐험, 히말라야 고봉등반, 사하라 사막 트래킹, 북미대륙 자전거 횡단 등에 도전한다는 내용들을 자주 접한다. 취업준비생들의 통상적인 학점, 외국어 성적, 동아리 활동 등으로는 차별화가 어렵게 되자 소위 극한스펙을 통해 자신만의 강점을 나타내 보려는 경우도 있다.

어떤 동기이든 젊은 시절에 여행, 등반, 탐험 등 다양한 경험을 통해 견문을 넓히려는 시도는 바람직하다. 기업 입장에서도 채용 과정에서 독특한 개성과 나름대로의 스토리를 가진 사람들에게 관심이 높아지는 것은 자연스럽다.

인생이란 어떤 시기에도 자신의 판단으로 행로를 바꾸고 새로운 도전에 나설 수 있다. 그러나 이에 대한 대가는 연령대에 따라 다르다. 10~20대는 일종의 좌충우돌과 일탈이 허용되는 시기이다. 자신의 특성을 스스로 파악하고 미래의 행로를 모색하는 성장기이기 때문이다. 50대 후반부터는 사회적 경력을 일단락하고 부담없이 도전이라는 미명의 변화가 가능하다. 하지만 30~40대 직업인들에게 일종의 거품을 불어넣는 것은 다른 문제이다.

다양한 매체에서 매일 다람쥐 쳇바퀴처럼 반복되는 일상의 굴레를 벗어나 여행, 예술, 요리, 탐험, 강연 등 다양한 영역으로 자신의 진정한 삶을 찾아서 떠난다는 식의 인생스토리가 자주 소개된다. 어차피 삶이란 자신이 선택하고 책임지는 것이고 현재를 떠나 미래의 가능성으로 떠나는 선택은 소중하다.

하지만 PD와 스토리 작가들의 채색이 지나쳐서인지 몰라도 상당수는 자신의 선택에 대한 정당성 부여의 차원을 넘어서 직장에서 일하는 타인들의 삶까지 필요 이상 폄하한다고 느낀다. 특정 개인이 현재의 반복적인 일상을 탈피하기 위한 새로운 선택은 존중해야겠지만 그렇다고 타인들의 현재까지 반복적이고 무의미하다는 일반화는 무리이다. 일부 매체들의 선정적 과장까지 덧붙여져 마치 현재의 위치에서 열심히 살아가는 사람들은 자신의 삶을 소진하고 있으며 무언가 독특해야만 진정한 인생이라는 위험한 이분법까지 저변에 깔리기도 한다.

대개 현실을 제대로 경험하지도 않은 얼치기들이 어쭙잖게 '진정으로 원하는 것을 찾아 떠나라' 식으로 떠든다. 만약 20대 청년도 아니고 40대 가장이 "나는 자연인이다"를 외치며 내 인생을 찾겠다고 무작정 나서는 것은 자유라기보다는 무책임한 일탈에 가깝다.

삶은 다양하다. 자연 속의 삶도 있고 도시의 삶도 있다. 개인 차원의 활동이 편한 사람이 있고, 조직 속에서 보람을 찾는 유형도 존재한다. 이러한 다양성을 도외시하고 극히 개인적인 기준의 섣부른 일반화는 어불성설이다.

마흔 무렵이면 바쁘고 정신없지만 때때로 내 인생에 대해서 생각해보면 허탈감도 드는 시기이다. 나 자신이 아닌 가족 등 타인을 위해서 살아가는 얽매인 삶이라는 느낌은 어쩔 수 없다. 마치 사랑하는 아기를 키우는 엄마들이 매일의 육아에 시달리면서 자신이 실종된 삶이라고 느끼는 감정과 일맥상통할 것이다. 하지만 이는 인생의 사이클이 그런 시기에 있기 때문이다.

만약 진정한 나를 찾아 모든 것을 버리고 떠나고 싶다면 그렇게 해도 된다. 어차피 인생은 자신이 알아서 판단하고 책임지는 것이다.

인생은 과거를 거울로 현재를 기반으로 미래로 향해 나아가는 여정이다. 과거에 묻히고 현재에 매몰되어서는 미래로 확장할 수 없다. 40대가 아니라 60대에라도 새로운 가능성을 위해 도전하는 것이 인생임은 분명하다. 하지만 연령대에 따라 그 무게감은 다르다.

20대는 성장기이고, 60대는 마무리 단계이다. 60대는 오히려 새로운 도전에 대한 부담이 가장 적을 수도 있다. 하지만 40대는 복합적이다. 40대는 인생의 전성기이다. 20~30대의 설익은 시도가 아니라 경험과 지식에 기반한 진지한 도전에 나설 수 있는 시기이다.

30대까지는 세상이 정해준 길을 따라 걸어왔다. 40대부터는 내가 원하는 방향으로 길을 만들어서 걸어갈 수 있다. 하지만 짊어져야 할 부담도 큰 나이이다. 따라서 40대의 도전은 바람직하지만 그 대가에 대해서도 분명히 알아야 한다.

관리 가능하면서도 중요한
영역에 집중하라

삶이란 크고 작은 문제의 끊임없는 발생과 해결의 연속적 과정에 다름 아니다. 나이가 들수록 건강, 가족, 금전, 진로, 인간관계 등에서 다발적으로 발생하고 지나간다. 중요하게 생각했는데 지나면 별것 아닌 경우도 있고, 그 반대의 경우도 있어서 때로는 종잡을 수 없다.

　모두 관심을 기울일 여유는 없고, 그렇다고 모두 무시할 수도 없다. 사소한 문제는 되는 대로 처리하고, 통제가 안 되는 영역은 불가항력으로 받아들이는 편이 현명하다. 중요하고 관리 가능한 영역에 집중해야 효과적이다.

조 맥클린Joe McLean은 미국 NBA 프로농구 선수들을 관리하는 전문가이다. 그가 설립한 인터섹트 캐피탈Intersect Capital을 통해 스타급 선수 50여명이 1조 7천억 원 자신의 운용 외에 건강, 취미생활 등 다양한 분야의 관리를 위탁하고 있다. 그는 젊은 나이에 스포츠 스타가 되어 고액연봉을 받는 선수들이 금전과 생활관리를 잘못해 조기에 은퇴하거나 파산하는 경우를 보면서 일종의 인생종합관리 컨설팅 개념의 서비스를 시작해 성공했다.

그는 인생에서 부딪히는 많은 사안은 기본적으로 중요도와 통제성의 4분면으로 접근해야 한다고 본다. 즉 '중요한가-사소한가' '통제가능한가-불가항력인가'의 기준으로 4가지 영역이 구분된다. 사소한 문제는 그냥 넘기면 된다. 중요한 문제이지만 불가항력이면 그냥 받아들여야 한다. 중요한 문제인데 통제가능한 문제는 집중해야 한다.

실제로 인생에서 대부분은 사소하거나 불가항력적인 문제이고 중요하면서 통제가능한 사안은 많지 않다. 하지만 이 부분이 인생을 결정한다. 자신의 고객인 프로농구 스타들에게 일종의 정신교육을 시키면서 사생활에도 상당 수준 간섭하지만, 의외로 젊은 나이에 성공한 많은 스타플레이어들이 믿고 따른다고 한다. 예전과 달리 운동선수들이 똑똑해진 것이다.

조 맥클린의 분석은 현실적이고 효과적이다. 이 기준으로 사안을 바라보면 신경 써야 할 범위가 상당히 줄어든다. 사소한 부분에 신경쓰는 것은 에너지 낭비이고, 불가항력적인 사안의 걱정도 의미 없는 기우杞憂에 불과하다. 중요하면서 통제 가능한 영역에 집중하기만 해도 삶의 에너지를 효과적으로 활용할 수 있다.

약간 다른 접근이기는 하지만 나는 문제가 발생했을 때 비슷한 기준으로 본질을 파악하고 결정했다. 주로 회사에서 판단해야 할 일이 많았다.

첫째, 고의적 의도가 있었는가. 둘째, 불가항력이었는가. 셋째, 불가항력이 아니었다면 충분히 주의를 했는가. 넷째, 사안 발생 후 최선을 다해서 대응했는가.

우선은 문제발생 배경에 고의적 의도가 있는지 확인한다. 고의가 있었다면 무관용이고 최고의 강도로 응징해야 한다. 고의가 없었다면 다음 차원으로 넘어간다. 불가항력이었다면 수용해야한다. 누구라도 어쩔 수 없었을 것이기 때문이다. 불가항력이 아니었다면 충분히 주의를 했는지를 확인한다. 주의했음에도 불구하고 발생한 것과 태만한 것은 차이가 있다. 마지막으로 사안이 발생한 후 문제를 해결하기 위해 최선을 다했는지를 확인한다.

요약하면 '고의가 있는가, 불가항력이었나'라는 2가지가 가장 중요한 판단 기준이다. 이렇게 분류하면 논점이 단순해지고 판단의 기준이 명확해진다. 또한 관련 당사자들에게 나의 판단 기준을 설명하고 동의를 구하는 것도 용이하다. 그 외의 영역은 '그러려니' 하고 받아들인다.

다시 원점으로 돌아와서 인생에서 생겨나는 많은 일들이 내 의지와 노력으로 되는 부분이 있고, 그렇지 않은 부분이 있다는 점을 받아들이면 결론은 명확하다. 내 의지와 노력으로 바꿀 수 있으면서 중요한 부분에 집중하는 편이 효과적이다.

불가항력적이고 외생변수로 주어지는 부분을 걱정해봐야 달라질 것은 없다. 물론 인간의 나약한 마음이 칼로 무 베듯이 정리되지는 않겠지만 이런 기준으로 집중해야 할 사안을 분간하는 것은 유효하다는 의미이다. 또한 중요하고 통제 가능한 부분에만 집중하기에도 인생은 짧고 시간은 부족하다.

태평성대에도 굶어 죽고
전쟁에도 돈 번다

인생은 재능, 의지, 운의 3박자이다. 각자가 타고난 재능에 의지와 노력이 결합되어 길을 개척하고 운에 따라 증폭되기도 축소되기도 한다. 태어나는 시대와 환경에 따라 차이는 있겠지만 기본적으로 재능, 의지, 운에 따라 삶의 무늬가 만들어진다.

나를 형성하는 주요한 정체성은 북한 피난민의 아들이다. 출생지가 부산의 피난민 수용으로 형성된 동네이고, 집안과 친척 어른들은 북한 말씨와 북한 음식을 드셨다. 지금도 평안도 사투리를 들으면 마음이 푸근하다.

2014년 〈국제시장〉이라는 영화가 공전의 히트를 쳤다. 국제시장은 '사람 말고는 모두 외제'라서 붙은 이름이다. 6·25전쟁 당시 부산은 미군의 보급항구였다. 군대에서 흘러나온 군수물자들이 주로 거래되면서 물들인 군복, 군화, 군용식량을 사고팔던 노천 장터로 시작되어 전쟁이 끝난 후 미국의 원조 물품에 일본 밀수품이 유입되어 거래되면서 자연히 시장으로 자리 잡았다.

국제시장 근방에서 성장기를 보냈기 때문에 시장 풍경만이라도 영화에서 보고 싶었다. 책, 드라마, 영화를 보면서 깊이 공감할 때는 '나의 이야기처럼 느껴질 때'이다. 국제시장은 더욱 넓은 의미에서 동조율이 높았다.

윤제균 영화감독은 부모님 성함인 '덕수' '영자'를 주인공 이름으로 사용해서 부모님께 대한 오마쥬hommage, 존경과 경의를 표시했다. 대략 계산해보니 영화 주인공들보다 나의 부모님 나이가 7~8세 더 많으시지만 그 세대의 삶의 맥락은 비슷하다고 생각된다. 해방과 대한민국 건국, 6·25전쟁, 남한으로의 탈출, 고단한 피난살이, 부산에 정착해 결혼하고 살아오신 과정들이다. 특히 1983년 KBS의 이산가족찾기 방송 당시 아버지께서 늦은 밤에도 TV를 끄지 못하시고 눈시울을 붉히시던 장면을 떠올리면 지금도 가슴이 먹먹해진다.

영화에는 흥미로운 인물들이 등장한다. 피난지에서도 앞으로 자동차 회사를 만들겠다는 젊은 사업가, 미래 패션디자이너를 꿈꾸는 개성 있는 청년 등이다. 나중에 산업화 과정에서 두각을 나타내신 분들을 유추하게 하는 일종의 카메오들이었다.

전쟁 중에도 꿈을 잃지 않고 기회를 포착하는 캐릭터들을 보면서 집안 어르신으로 피난오신 분의 스토리가 연상되었다. 성장기에 집에 들리셔서 하시던 말씀이 "태평성대에도 굶어 죽는 사람 있고, 포로수용소에서도 돈 버는 사람 있다"는 체험담이다.

평안북도에 계시다가 6·25전쟁에 북한군에 병사로 징집되어 남쪽으로 내려왔다. 낙동강 전선에서 포로가 되어 거제도 포로수용소에 수용되었다. 수용소에서 착실하게 생활하니 포로 취사반으로 배치되었다.

일단 밥은 배불리 먹으니 포로들이 가장 선망하는 보직이었다고 한다. 취사반에 가장 흔한 먹을거리는 누룽지였다. 전쟁 중에 모두 가난한 시절이라 취사반 작업자들이 남는 누룽지를 들고 나가서 가족들을 먹이고 일부 팔기도 한다는 것을 알게 되었다.

포로들은 언제나 배가 고팠기에 사업 기회를 포착했다. 취사반 책임자와 이야기해서 남는 누룽지를 수용소 안으로 가지고 가서 포로들에게 팔았다. 대가는 당시 포로들에게 지급되던 담배로 받았다. 담배를 이런저런 경로를 통해서 밖에서 팔아서 돈으로 만들었다.

1953년 6월 반공포로 석방 당시 모아둔 돈을 들고 나와서 남한 정착에 종자돈으로 사용했다. 친척 어르신께서는 수완이 있으셔서 사업에 크게 성공하셨다.

전쟁의 난리통에서도 기회를 잡는 사람은 잡는다. 또한 소위 태평성대에서도 노숙자는 존재한다. 인간의 삶은 환경에 영향을 받기도 하지만 동시에 환경에서 새로운 가능성을 찾기도 한다.

태풍이 불고 날씨가 험악하면 모두 위축되지만 그 영향은 모든 사람에게 똑같지는 않다. 미리 예상하고 대비한 사람과 아무 생각 없이 있다가 당하는 사람의 차이는 크다. 세상살이는 언제 어디에서나 기회와 위험이 공존한다.

마흔 무렵부터 10여 년은 인생의 변곡점이다. 성공적으로 헤쳐 나가기 위해서 언제나 중요한 것은 환경 변화에 일희일비하지 않고 냉정하게 현실을 직시하면서 기회를 찾아나가는 자세이다.

결핍과 열등감은
에너지의 원천이다

현재 지구에서 동물들이 살아가는 공간은 동물원과 대자연으로 대별할 수 있다. 개체의 입장에서 동물원은 모든 것이 완비된 공간인 반면, 대자연은 모든 것이 결핍된 공간이다. 하지만 역동성은 반대이다.

동물원은 죽은 공간이지만 대자연은 역동적인 생태계이다. 이는 일정 수준의 결핍이 개체의 에너지가 된다는 점을 알려준다. 인간도 마찬가지이다. 결핍은 에너지의 원천이다.

동물원은 개체에게 파라다이스다. 천적의 위협 없이 안전하고, 식량은 언제나 충분하며, 아프면 수의사들이 돌봐준다. 성체가 되면 별다른 경쟁 없이 짝짓기도 한다.

반면 대자연에서 살아가는 동물들은 고달프다. 밤낮으로 천적의 위협에 시달리며 경계를 늦출 수 없다. 먹잇감을 찾아서 쉴새 없이 돌아다녀야 겨우 배를 채울 수 있다. 다치거나 아프게 되면 자연치유 이외에는 방법이 없다.

집단생활을 하는 경우 엄정한 위계질서에서 살면서 내부경쟁에서 살아남아야 한다. 성체가 되면 치열한 경쟁에서 이겨야 짝짓기를 한다. 하지만 개체가 직면하는 엄혹한 현실의 절박함은 역동성을 높인다. 변화에 적응하는 우량한 개체가 번식하면 변종變種이 출현하고 진화가 일어난다.

대평원 생태계에서의 삶은 개체 단위에서는 고달프지만, 집단 차원의 역동성을 유지하고 진화하는 메커니즘이다. 반대로 동물원은 개체 차원의 안정성은 높지만 역동성은 실종된 화석化石 같은 공간이다.

생물의 목표함수인 생존과 번식이란 자연상태에서는 사력을 다하는 가운데 운도 따라야 하는 진검승부이다. 자연물 다큐멘터리에서 보듯이 자원은 유한하고 경쟁은 치열하기 때문이다. 그러나 동물원은 자원도 무한하고 경쟁도 실종되어 있다. 이는 풍족함과 부족함의 역설을 이야기한다. 풍족하면 안주하면서 정체되고, 부족하면 극복하려는 노력에서 에너지가 생겨난다. 인간의 삶도 마찬가지이다.

인간의 감정은 섬세하고 복잡하다. 현실에서 고요한 심정으로 항상 관조하는 마음으로 부러움과 질시, 고민과 불안 없이 살아가는 사람은 없다. 역사에 이름을 남긴 성인 성녀들은 논외로 하자. 어차피 나를 비롯해서 이 글을 읽는 사람들은 열심히 세상을 살아가는 보통사람이기 때문이다.

일반 사람들은 누구나 일정한 수준의 결핍감, 열등감이 있다. 어린 시절부터 외모, 성적, 성격, 경제력 등 다양한 측면에서 축적된다. 내면의 감정들은 겉으로 잘 드러나지 않아 가족들도 모른다. 이러한 감정이 지나치면 삶에 부정적 영향을 끼친다. 필요 이상으로 남과 비교하거나, 근거 없는 자괴감에 빠져서 자신을 질책하고 좌절하는 경우들이다.

하지만 이러한 감정이 성장기와 활동기를 거치면서 갈무리되면 삶의 에너지로 전환한다. 사람이란 부족함을 채우기 위해서 노력하는 가운데 경험과 내공이 쌓이기 때문이다. 커다란 성취를 이룬 분들 중에는 어려운 성장기를 보낸 경우가 많다.

일본의 파나소닉 사의 창업주인 마쓰시타 고노스케는 집안 형편이 어려워 초등학교 4학년을 중퇴하고 점원 생활을 시작했다. 22세가 되던 1917년 '마쓰시타 전기제작소'를 설립한다. 자서전에는 '회사 근무는 하루 일하면 하루치 급료를 주었으므로 쉬는 날은 밥을 먹지 못하는 때도 있었다. 그래서 쉬더라도 먹고살기 위해 장사를 시작한 것이다'라고 기술했다. 일당제로 일하기에 휴일에는 식비가 부족할 정도로 궁핍했던 상황에서 고육지책으로 사업을 시작했다.

초라하게 시작한 사업이었지만 연결플러그, 자전거 램프 제조에 성공하면서 사업은 번창했다. 일본이 제2차 세계대전에서 패배하면서 사업도 어려움을 겪었지만 재기하고 1951년 승전국인 미국을 처음 방문해 풍요로움에 놀라면서도 마음을 열고 세계를 배운다. 본격적으로 해외 진출을 전개하고 네덜란드 필립스와도 제휴하면서 1959년부터 일본에도 다가오기 시작한 무역·외환 자유화의 물결을 앞장서서 수용했다. 일본 경제계의 어른으로서 개방경제 체제의 경쟁력 확보에 중심적 역할을 수행했다.

소년시절 배움이 적어 야학에서 가르치는 수학조차 이해할 수 없었던 마쓰시타는 탁월한 경영 능력으로 무일푼에서 거대 기업을 일으켰지만 자신을 낮추는 겸손한 태도를 견지했다. 다음은 가난한 집안에서 태어나 초등학교를 마치지 못할 정도로 결핍한 환경을 겸손한 태도로써 삶의 에너지로 승화시킨 그의 내면적인 고백이다.

> 나는 배운 것도 적고 재능도 없는 평범한 사람이다. 그런데 사람들은 내가 경영을 잘한다거나 인재를 잘 활용한다고 평가한다. 나는 결코 그렇게 생각하지 않지만 한 가지 짚이는 점이 있다. 내 눈에는 모든 직원들이 나보다 위대한 사람으로 느껴진다는 것이다. 겉으로는 직원들을 꾸짖을 때가 많았지만 속으로는 늘 상대방이 나보다 위대한 사람이라고 생각했다.

사람들은 나름대로 결핍감에서 오는 열등감을 가지고 있다. 특히 집요하게 추구하는 대상은 열등감의 반작용인 경우가 많다. 가난한 집에서 성장하면 금전적 풍요를 갈망하게 되고, 학창시절 성적이 좋지 않으면 학위나 타이틀에 관심이 많은 식이다. 이러한 열등감이 다듬어지지 않으면 상황이 좋아졌음에도 심리적 위축의 기제가 되고 부자연스러운 행동의 원인이 된다. 그러나 잘 다듬어지면 성년이 되어 경제적 성공을 거두고, 학문적 성취를 이루는 에너지가 되는 경우를 많이 본다.

이러한 분기점이 마흔 무렵이다. 성장기에 형성된 열등감에 대한 보상심리가 성인의 활동기에 영향을 미치는데, 자신만이 알고 있는 내재되어 있는 열등감이 갈무리되어서 에너지로 가는지, 아니면 숨겨져 있지만 계속 발목을 잡을지가 40대 무렵이다.

사실 마흔 무렵에 극복하지 못하는 열등감은 평생을 가면서 인생에서 풀리지 않는 어두운 면이 된다. 하지만 자신을 직시하고 결핍과 열등감을 갈무리하면 마흔 무렵에 커다란 에너지로 발휘될 것이다.

4장

마흔 이후, 관계에
대한 생각들

지인은 늘어나고
친구는 줄어든다

국민학교 졸업을 앞둔 2월이었다. 졸업을 앞둔 파장 분위기인지라 수업은 없고 자습하면서 어영부영 보내는 중이었다. 당시 교감 선생님께서 반에 들어오셔서 '친구'를 주제로 특별수업을 하셨다. 급우들에게 물어보기를 "여기에서 친한 친구가 30명이 넘는 사람 손들어봐라" 했더니 여러 명이 손을 들었다.

차례대로 20명, 10명, 5명, 3명으로 질문이 이어졌는데, 5명 이하는 없었고, 나는 20명 정도에 손을 들었다. 일종의 간이설문에 응답을 확인한 셈이다. 이어서 교감 선생님은 다음과 같은 요지의 말씀을 하셨다.

"여러분들 친구들이 많다고 했는데 참 좋은 일이다. 앞으로 중학교에 가서도 잘 지내기 바란다. 그런데 친구가 오래 가기가 어렵다. 여러분들이 나중에 어른이 되어서도 편하게 만나고 이야기하고 서로 믿을 수 있는 친구가 몇 명이나 있을 것이라 생각하는가. 앞으로도 많은 사람을 만나겠지만 진정한 친구 만들기가 어렵다는 점을 나중에 알게 될 것이다. 평생을 같이할 친구 3명만 있어도 성공한 인생이다."

말씀을 들으면서 반신반의했다. 친구 만들기가 어렵다는 말씀이 어린 나이에 이해되지 않았다. 하지만 교감 선생님의 수업도 처음이었고, 말씀도 재미있게 하셔서 인상적이었다.

나이가 들수록 당시 교감 선생님의 말씀에 깊이 공감하게 된다. 어린 시절이야 같이 놀기만 하면 그만이지만 성인이 되면 성격은 물론 사고방식, 관심사, 여건 등에서 공통분모가 있어야 한다. 또한 오랜 기간 친분이 유지되려면 공통분모가 유지되어야 한다.

세상을 살면서 친구 사이에도 오해와 불신 등이 생겨날 수 있기에 평생의 친구라는 것이 쉽지 않다. 40년의 시간이 흘러도 선명하게 기억되는 교감 선생님의 수업과 메시지이다.

우리나라에서는 고등학교 동창이 가장 가까운 친구가 생기는 풀이다. 고교 동창들 중에서 자연스럽게 가까운 친구들이 형성된다. 사회에 나와서는 교류의 폭이 넓어지고 형태도 다양해진다.

흔히 고교 동창들이 평생을 간다고 하지만 그것도 관계를 맺기 나름이고 사회에서 만나도 호감과 신뢰를 느끼는 사람들이 많다. 다만 학교 동문이라는 1차적 관계는 어떤 형태로든 평생 연락하고 지내게 되지만 사회의 지인은 여건이 바뀌면 통상 자연스럽게 소원해진다.

세월이 흐르면서 지인은 늘어나지만 친구는 줄어든다. 이런저런 경로로 알게 되는 사람들과 관계를 맺고 사회생활을 하면서 지인들이 늘어남은 당연하다. 반면 기존의 친구들도 생각과 여건이 달라지면 교류의 폭과 빈도가 줄어들고 이에 따라 감정적 친밀감도 달라지게 된다. 개인적으로는 그리 아쉬워하지 않고 자연스럽게 받아들인다. 예전에 친근감을 가졌더라도 나이가 들수록 생각과 입장이 다양해지기 때문이다.

나는 인간관계란 서로의 거리감에 따라 거리를 조정하는 편이 자연스럽다고 생각한다. 친구라고 예외일 필요는 없다. 각자 자신의 삶을 살아가면서 함께 할 수 있는 공통분모 안에서 동행하는 것으로 충분하다.

마흔 무렵부터는 친구관계에서도 재편기이다. 성장기의 친밀
감을 바탕으로 가까운 관계를 이어나가기도 하고, 과거 친밀했지
만 소원해지는 구조가 교차한다. 이는 40대에 일어나는 여러 가
지 변화가 친구관계에도 반영되기 때문이다.

그럴수록 1년에 한두 번을 만나도 편안하게 이야기할 수 있는
가까운 친구의 소중함은 커진다. 친구는 타인의 삶에 투영된 나
의 역사이기 때문이다.

나이가 들수록 생텍쥐페리가 『인간의 대지』에서 피력한 친구
와 동료의 의미에 대해 공감하게 된다. 1930년대 나무로 만든 어
설픈 비행기에 우편물을 싣고 남아메리카를 누비던 우편기 조종
사 시절의 회상이다. 악천후에서 안데스 산맥을 넘던 동료가 행
방불명되어 돌아오기를 기다리는 초조한 심정이 담겨 있다.

친구의 명랑한 웃음소리를 두 번 다시 듣지 못하리라는 것을 차차 깨닫게
되고, 저 정원이 우리에게는 영원히 출입금지 되었음을 깨닫게 된다. 그때
에야 참된 슬픔이 시작되는데, 가슴을 찢는다기보다 다만 약간 마음이 쓰
라린 그런 것이다. 잃어버린 동료를 대신할 것은 아무것도 없다. 오랜 벗들

은 만들어지는 것이 아니다. 공통된 많은 추억, 함께 당한 괴로운 시간들, 불화와 화해, 마음의 격동, 이러한 보물만큼 값어치 있는 것은 없다. 이런 우정들은 다시 만들어내지는 못한다. 참나무를 심었다고 오래지 않아 그늘 밑에서 쉬기를 바란다는 것은 헛된 일이다.

대접받지 말고
존중받아야 한다

우리나라는 상당히 수직적 질서의 사회이다. 조선시대의 지배적 사상이었던 성리학적 세계관의 의식구조가 남긴 퇴행적 잔영이 21세기 디지털 시대에도 강하게 남아있다. 일단 사람들의 관계는 기본적으로 서열을 매기고 시작해서 유사성으로 무리를 지으면서 시작한다.

혈연이라면 항렬에 따라, 학교에서는 입학연도에 따라, 회사에서는 입사연도에 따라, 전문영역은 해당시험 합격연도에 따라, 이것도 저것도 없으면 나이에 따라서 명시적 암묵적 서열을 매기고 이를 수용한다. 어떤 영역이나 형성되어 있는 기존의 질서에 순응해야 무리에 편입시키고 순응하지 않으면 왕따시켜 축출하거나 최소한 변방만 맴돌게 한다.

이런 질서의 특징은 기본적인 위계가 유지된다는 점이다. 태어난 순서와 항렬을 따지는 혈연적 구조의 서열은 선천적으로 평생 변하지 않는다. 성장기 이후의 후천적 성취나 인품과도 무관하다. 기타 질서도 마찬가지이다.

한번 결정된 출생연도, 입학연도, 입사연도, 시험합격 연도는 죽을 때까지 변하지 않는다. 이를 기준으로 한 번 결정된 서열 구조도 불변이다. 그리고 서열 구조가 워낙 다층적이고 촘촘하기 때문에 우리나라 사회에서는 어디를 가더라도 이러한 구조에 편입될 수밖에 없다.

이러한 서열구조는 명분과 체면을 중시하는 문화와 결합해 사람을 피동적이고 소극적으로 만든다. 소위 진리를 추구한다는 학문의 영역에서도 지도교수의 논리에 문제를 제기하는 것은 금기이다. 학자적 문제제기를 스승에 대한 인격적 무시로 혼동하는 분위기이기 때문이다. 학계에서조차 논리적 정합성을 선배의 체면으로 직결시키는 후진적 행태가 남아 있는 상태에서 우리나라의 기타 영역은 말할 것도 없을 것이다.

사실 서열은 동물에도 있다. 자연물 다큐멘터리에서 접하는 대로 무리생활을 하는 사자, 하이에나, 들개 등의 동물들은 모두 각자의 위계질서에 따른 시열 구조를 가지고 생활한다.

인간 사회에도 어디를 가나 나름의 위계와 서열은 있게 마련이다. 이는 유무有無의 문제가 아니라 정도程度의 문제이다. 한 번 더 생각해보면 동물의 위계가 인간의 위계보다 더 공정한 측면이 있다. 능력과 역할에 따른 위계이기 때문이다. 후배가 강력해지면 선배에게 도전하고 실력에 따라 위계질서가 바뀌기 때문이다.

마흔이 넘어가고 중견이 되면 어떤 형태건 수직적 위계질서에서 중간 이상의 위치가 된다. 조직에 소속되어 있는 경우에는 크든 작든 조직의 장이 되어서 구성원들을 거느리게 된다. 입사 연도, 업무 경험, 나이 등의 기준으로 대접받는 입장이 된다.

남을 대접할 때는 모르는데 대접받는 입장은 기분이 좋다. 대접이란 자꾸 받으면 더 받고 싶게 마련이다. 그리고 나이 들어서 대접 좀 받는다고 비난할 일은 아니다. 나이와 경험, 역할에 맞게 대접받는 것은 자연스럽다. 하지만 후배들에게 실력과 경험으로 인정받지 못하면서 직책과 연차라는 위계질서의 혜택으로 대접받으려고 하면 소위 꼰대가 된다. 역량과 인품으로 존중받는 선배로서 대접받아야 한다.

선배나 상사가 후배나 부하들에게 존중을 받으려면 배울 점이 있으면 된다. '일을 잘 하거나, 부하들이 마음 편하게 일하게 하거나, 스킨십이 좋거나, 인품이 훌륭하거나' 등의 장점이 있어야 한다. 신경질적인 성격에 별로 배울 점 없는 상사가 고압적인 자세로 대접받으려고 한다면 부하들이 면종복배面從腹背하는 것은 당연하다. 그나마 내가 직장생활 초년병 시절은 '계급이 깡패'였던 시기라서 상관없었지만 지금은 완연히 다르다.

20세기 후반부터 사회가 개방화되어 수직적 위계질서는 약화되고 있다. 지금부터 마흔 무렵에 접어드는 1980년대 출생들도 개방적이고 수평적 질서에 익숙한 세대들이다. 이 세대들에게 1960년대 초반에 태어난 소위 'x86세대'인 필자가 대접과 존중을 운운하는 것도 적절한지는 모르겠다. 그러나 이 글을 읽는 독자들이 후배로부터 존경받는 선배로서 진심으로 대접받기를 바라는 마음으로 이해해주기 바란다.

비유하자면 대접은 형식적 의전이고, 존중은 실질적 실전의 느낌이 든다. 의전에 강한 군대는 실전에 약하고, 실전에 강한 군대는 의전이 소박하다. 군대에서 의전에 강하고 실전에 약한 지휘관은 병사들이 따르지 않는다. 평시에 폼만 잡고 전투에서 패배하면 자신의 목숨이 위태롭기 때문이다. 의전에 소박하고 실전에 강한 지휘관은 병사들이 마음으로 충성한다. 죽지 않고 이길 수 있기 때문이다. 사회에서도 후배들은 의전보다 실전에 강한 선배를 따르고 배우고 존중한다.

불평불만은 하지도 말고,
듣지도 마라

우리나라는 회식 자리도 많고 건배사도 발달했다. "우리 모두 새해에는 기쁨은 더하고, 슬픔은 빼고, 희망은 곱하고, 사랑은 나누는 한 해가 되기를 바랍니다." 초등학교에서 배우는 가감승제加減乘除를 응용한 멋진 건배사이다. 지금까지 접한 건배사 중에서 압권이다.

서로 간에 한 해를 이렇게만 지내면 더 바랄 나위가 없을 것이다. 반면 엉뚱하게 주고받으면 서로의 삶은 피곤하게 된다. 슬픔은 더하고, 기쁨은 빼는 경우다. 슬픔을 곱해도 문제다. 반면 희망은 나누어도 좋고, 사랑은 곱해도 좋다. 세상에는 더하고 빼고 곱하고 나눌수록 좋은 것이 있지만 그렇지 않은 것도 있다.

인간의 감정은 여러 명이 공유하면서 더욱 의미를 가진다. 기쁨을 나누면 배가 되지만 슬픔도 나누면 위로가 된다. 희망과 사랑도 더하고 나누고 곱해도 좋다. 하지만 그렇지 않은 감정과 행동이 있다.

불평불만이 대표적이다. 불평불만은 나누면 총량이 커진다. 1의 불만을 2명이 나누면 0.5씩 나누어 가지는 것이 아니라 2명이 각각 1씩 해서 총 2 이상의 불만이 된다. 불평불만은 전염되기 때문이다. 멀쩡히 있다가도 주변에서 불평불만을 늘어놓으면 처음에는 듣기 싫다가도 자꾸 들으면 동화되어 없던 불만도 조금씩 생겨난다.

세상을 살아가면서 자신의 삶에 온전히 만족하는 사람은 없다. 만약 누가 전혀 불만이 없고 완전한 행복 속에서 산다고 말한다면, 나는 성인군자의 경지에 올랐거나 거짓말을 하거나 정신이 이상하다고 생각할 것이다. 종교적 동기는 별개로 하고 사회적 삶 속에서 그렇다는 말이다.

사회생활은 더욱 그렇다. 이 세상에 완전한 조직은 결코 존재하지 않는다. 단지 합리성과 공정성에서 차이가 있을 따름이다.

조직생활에 불만을 가지게끔 하는 요인은 널려 있다. 적은 봉급, 긴 근무시간, 불공정한 평가, 침체된 분위기, 독불장군 상사, 좌충우돌 부하직원 등 헤아릴 수 없다. 이는 정도程度의 차이이지 유무有無의 차이는 아니다. 사람 사는 어디에나 일정 수준이 있게 마련이다.

그런데 사회생활을 하다 보면 이런 불만을 입에 달고 사는 부류들이 있다. 이들은 끊임없이 무언가에서 불만거리를 찾아내어 쉴새 없이 전파시킨다. 물론 살면서 조직에 불만이 없는 사람은 없다. 하지만 나름대로 판단해 참거나 도저히 아니라고 판단되면 조직을 떠나면 된다. 하지만 이들의 불만은 결코 멈추지 않는다. 왜냐하면 조직이 문제가 아니라 그들의 기질 자체에 문제가 있고 불만은 그들의 삶 자체에서 연원하기 때문이다. 그리고 불만은 많지만 대개 조직을 떠나서 자신의 삶을 개척할 용기와 능력도 없는 자들이다.

문제는 불만은 전염된다는 점이다. 당사자들은 투덜투덜하면서 질기게 직장을 다니는 반면 주변에서 그만두는 경우가 종종 있다. 그리고 경험적으로 남들 덕에 편하게 먹고 사는 '하는 일 없는' 집단에서 이런 부류가 많다.

조직을 떠나서 친구, 친척 등 지인의 범위에서도 세상을 언제나 부정적으로 바라보고 여기저기에 불평이 가득한 사람들이 있다. 이들과는 아예 엮이지 않는 것이 좋다.

대개 합리적 근거도 없이 습관성이기 때문에 불평을 들어준다고 달리 해결책이 있는 것도 아니다. 나의 소중한 삶의 에너지를 쓸데없이 낭비할 필요가 없고 무엇보다 안쓰러워서 자꾸 들어주다 보면 자신도 모르게 전염된다. 만약 이런 유형들과의 만남과 교류가 편하고 좋다면 자신이 습관성 불평불만 증후군이 아닌지 반문해보기 바란다.

살아가면서 타인의 어려움을 이해하고 같이 고민하면서 좋은 방안을 모색해보는 것은 바람직하다. 나도 어려움이 닥치면 또한 누군가의 위로와 조언이 필요할 것이기 때문이다. 하지만 타인의 습관성 징징거림을 들어주면서까지 살기에는 마흔 무렵의 시간이 아깝고 인생은 짧다.

사춘기 중고등학생이면 친구의 헛소리도 들어가면서 성장해간다고 하더라도 40대에는 다른 이야기이다. 그리고 아무리 가까워도 타인에게 불평불만을 털어놓는 일은 신중해야 한다. 처음 몇 번은 공감할 수 있지만 여러 번 지속되면 피곤해진다. 그리고 사람은 누구나 고단한 인생에서 타인의 습관적 푸념까지 들으면서 살고 싶어 하지 않는다. 앞에서는 공감하는 척해도 돌아서면 경멸한다.

불평불만은 하지도 말고, 듣지도 마라. 긍정적 에너지를 나누어도 고단한 인생에서 부정적 에너지까지 나누어서는 앞이 안 보인다.

마음의 스승을
모셔라

"천하를 얻기 위해서는 5명이 있으면 된다. 한 명의 스승, 한 명의 책사, 3명의 심복이다." 오래전 지인에게서 들은 말이다.

스승은 나를 비추어보는 거울이고, 책사는 계책을 세우며, 심복은 전선에서 싸운다.

스승이 없으면 중심 없이 흔들리는 부평초가 되고, 책사가 없으면 일관된 방향성 없이 우왕좌왕하며 전력을 소모하고, 심복이 없으면 실제 의도한 바를 현실로 만들어내지 못한다. 이를 현대어로 바꾸어보면 스승은 가치관과 지향점, 책사는 전략기획 능력, 심복은 실행 능력으로 생각할 수 있다.

천하를 취하겠다는 공상은 무협지 수준의 소설에서나 하는 스토리이지만 평범한 직업인의 입장에서도 그 의미는 되새겨볼 만하다. 각자 자신의 분야에서 인정받고 살아가기 위해서 필요한 요소라는 점에서는 공통적이기 때문이다.

스승이라는 거울로 삶의 중심을 유지할 수 있고, 책사의 기획으로 올바른 방향으로 나아갈 수 있으며, 심복을 움직여서 성과를 낼 수 있기 때문이다.

특히 마흔이 넘어가면 어떤 조직에서나 중견 간부 이상의 역할을 수행하고, 성과에 따라 미래의 경영진으로 발전하는 시기이다. 중견 간부란 혼자 열심히 해서는 한계가 분명하다. 크든 작든 함께 일하는 단위조직의 동료들을 이끌고 가야 하는 입장이기 때문이다. 각자의 위치에서 스승, 책사, 심복을 머릿속에 한 번 떠올려보고 서로의 역할 분담을 생각해보면 흥미로울 것이다.

책사와 심복보다는 스승을 모시기가 더 어렵다. 책사와 심복은 내가 중심이 되는 관계이지만 스승은 상대방을 내가 모시는 관계이기 때문이다. 책사와 심복은 장단점을 내가 파악해서 대응하면 충분하지만 스승은 인품, 역량 등 많은 면에서 내가 존경하고 따를 수 있어야 한다.

요즘 표현으로 멘토 정도로 해석할 수 있는데, 복잡다단한 현대사회에서 모든 영역에서 멘토로 따를 만한 대상을 찾기는 어렵다. 또한 한때의 스승, 멘토라고 할지라도 시간이 지나면 생각이 바뀌기 때문이다.

하지만 스승의 개념을 전통사회 개념의 전全인격적 차원이 아니라 사회생활의 특정 영역으로 좁히면 된다. 멘토이자 벤치마킹 대상으로 설정하는 것이다.

주변에 스승이 있으면 자주 교류하면서 좋은 영향을 받으면 금상첨화이고, 존경하는 멘토이지만 여건상 자주 만나지 못하면 1년에 한 번이라도 상관없다. 어린 시절의 교육과정도 아니고 성인이 되어서는 언제나 나를 비추어볼 수 있는 거울과 같은 존재로서 충분하기 때문이다.

이를 부모님에 비유할 수 있다. 성장기에는 부모님 슬하에서 매일 얼굴을 맞대며 살아가지만 성인이 되어 독립하면 자주 뵙지는 못해도 항상 마음속에 계시면서 든든한 후원자가 되어준다. 현실의 공간에서 존재하는 스승과 함께 종교, 고전, 가치관 등이 그 역할을 할 수 있다. 오히려 나이가 들수록 실존적 인간보다 추상적 개념이 스승의 역할로서 적합하다는 생각도 든다.

이는 살아서 삶의 중심이셨던 부모님이 세상을 떠나신 후에도 든든한 수호신처럼 느끼는 것과 마찬가지이다. 외롭고 힘들 때 부모님의 산소에 가서 앉아 있기만 해도 마음이 편안해진다.

과거 직장 선배가 교회를 다니게 된 동기를 들은 적이 있다.

어머니가 교회를 다니시면서, 아들 식구와 일요일 예배드리는 것이 평생의 소원이라고 수차례 말씀하셔서 교회에 나가기 시작했다. 특별한 신앙적 동기는 없었고 연로하신 어머니에 대한 효도라고 생각했을 뿐이었다. 처음 에는 분위기도 어색하고 목사님의 말씀도 이해하기 어려워서 가족에 대한 봉사라는 마음으로 참석했다.

그런데 매주 일요일 예배에서 설교를 들으면서 참석 자체가 주는 의미가 생겨났다. 사회생활을 하면서 항상 내가 이야기하고, 상대방에게 내 주장 을 전달하는 일이 기본이었다. 그러나 교회에서 나는 조용히 입을 다물고 설교를 들어야만 했다. 마흔이 넘어서 타인의 말을 한 시간 이상 정기적으 로 무조건 듣는 경우가 달리 없었다.

나는 입을 닫고 귀를 열어 타인의 말을 들었다. 시간이 나를 돌아보게 하 는 계기가 되었다. 또한 틈틈이 성경을 보게 되니 나를 비추어보는 거울이 되었다. 열심히 믿는 신앙인은 아직 멀었지만 우주 만물의 섭리를 받아들 이는 종교인 언저리는 된 듯하다.

'일본의 이케아'로 불리우는 니토리 홀딩스 사의 니토리 아키오 회장의 젊은 시절은 모든 면에서 낙오자였다. 변방인 홋카이도에서의 학창시절은 단골로 꼴등이었고, 삼류 고등학교와 대학교도 뒷문으로 입학했다.

천신만고 끝에 들어간 광고 회사는 대인공포증 때문에 2번이나 해고당했다. 심지어 아버지 회사에서도 쫓겨나 궁여지책으로 가구점을 열었지만 만년 적자였다.

반전의 계기는 우연히 찾아왔다. 27세에 떠난 미국 가구업계 시찰여행에서 종합인테리어 개념의 유통망을 접하면서 눈이 트이고 뜻을 세웠다.

사업하는 태도는 달라졌지만 여전히 변두리 가구점에 머물러 있던 33세에 평생의 스승인 아쓰미 이치를 만났다. 체인스토어 업계의 전문가로부터 업의 본질을 이해하고 조직을 이끌어가는 리더십을 배웠다. 젊은 시절 좌충우돌의 경험이 스승의 체계적인 가르침을 만나 숙성되면서 현재 500여 개 점포에 연간 매출 6조 원의 글로벌 기업으로 성장했다.

니토리 회장은 회고했다. "한 사람의 인생관이 바뀔 만한 체험은 40세 언저리에 일어나는 경우가 가장 많다"고 아쓰미 선생이 말했는데, 나는 35세에 변화의 계기를 맞았다. 누구나 마음에 큰 뜻을 각인시키기 위해 하루하루 노력해나간다면 보통 마흔 이후에 변화가 일어난다고 본다.

삼성그룹 창업주인 이병철 회장은 평생 삶의 지표로 『논어』를 삼았다. "나라는 인간을 형성하는 데 가장 큰 영향을 미친 책은 바로 『논어』다. 나의 생각이나 생활이 논어의 세계에서 벗어나지 못한다고 해도 오히려 만족한다. (중략) 내가 관심을 갖는 것은 경영의 기술보다는 그 저류에 흐르는 기본적인 생각, 인간의 마음가짐에 관한 것이다"라고 만년에 출간한 자서전에서 밝히고 있다.

어린 시절 서당에서 한문을 배우고, 청년기 일본 유학을 통해 근대 문물을 접하면서 정립된 세계관, 인간관, 기업관의 중심에 『논어』가 있었다. 평생의 신념이었던 '사업보국事業報國'에 개인윤리와 사업윤리, 사회윤리가 응축되어 있다.

개인적으로 관찰해보면 건전한 신앙을 가진 사람은 분명한 가치관에 따라 삶의 중심이 확립되어 있다. 또한 항시 종교적 가치의 근본으로 돌아가서 자신을 비추어보기 때문에 세상을 경박하게 대하지 않고 일관된 신념을 유지한다. 종교적 경전은 굳이 신앙의 차원이 아니더라도 기타 고전의 반열에 드는 저작들처럼 인생의 지침서로도 훌륭하다.

어떤 형태이든 마음의 스승을 모신다는 것은 중심을 잡는 것을 의미한다. 어려울수록 기본으로 돌아가서Back to Basic 자신을 비추어보고 용기와 지혜를 얻기 때문이다.

가까운 사람일수록
조심해야 한다

아동기에는 친밀하면 같이 뛰놀면 된다. 하지만 성인이 되면 친밀한 관계에서 낭패를 보는 경우가 생겨난다. 과거에 친구 보증을 섰다가 신용불량자가 되었다거나, 친구의 권유로 투자했는데 큰 손실을 보았다는 이야기를 주변에서 흔히 듣는다.

젊은 시절에는 이해가 되지 않았는데, 나이가 들어보니 언제나 당면할 수 있는 리스크라고 느낀다. 지인이 선의로 권유하거나 요청했지만 결과가 좋지 않을 수도 있다.

하지만 오랜 인간관계에도 불구하고 의외로 악의적인 경우도 종종 목격한다. 마흔에 접어들면 가까운 사람일수록 조심해야 한다. 많든 적든 약간의 재산도 모은 나이인 데다, 상대적으로 금전적 결핍감도 많이 느끼기 때문에 과욕에 사로잡혀 낭패를 보기 좋은 시기이다.

오랫동안 법관으로 일하면서 형사재판을 많이 다루어본 지인의 회고담이다.

"형법상 죄목은 다양하지만 크게 보면 결국 도둑과 사기꾼의 2가지 유형에 속한다. 도둑이 흉기로 위협하면 강도가 되고, 상해를 입히면 강도 상해로 파생되어 나간다. 사기꾼도 마찬가지로 상대방을 속이는 방법과 영역에 따라서 달라질 뿐 본질은 동일하다. 흥미로운 점은 전과 수십 범의 도둑도 사기 전과는 없고 평생 사기꾼으로 세월을 보낸 자도 절대로 도둑질은 하지 않는다. 범죄자들이지만 업종은 분명히 구분되어 있다."

상대방으로부터 금품을 취득한다는 점에서 일견 유사해 보이는 도둑과 사기꾼의 업종이 구분되는 이유는 업業의 본질이 완전히 다르기 때문이다.

먼저 도구가 다르다. 도둑은 몸을 쓰고 사기꾼은 머리를 쓴다. 몸을 쓰는 도둑들은 신체적 능력이 뛰어나서 벽타기나 달리기에 일가견이 있고 항상 꾸준히 몸을 단련해서 체력을 유지한다. 반면 사기꾼들은 두뇌를 활용해서 전문 분야의 규정과 법규를 숙지해서 상대방을 속이는 방법을 끊임없이 염탐하고 심리적 빈틈을 찾으려 애쓴다.

같은 맥락에서 도둑들의 피해자는 일면식도 없는 사람들이지만 사기꾼들의 먹잇감은 일정 기간 친분을 쌓아온 지인들이다. 도둑들은 길거리를 돌아다니다가 방비가 허술한 건물을 무작위로 대상으로 삼는 데 비해 사기꾼들은 먼저 친분을 쌓고 경계심을 풀게 한 다음 적당한 미끼를 던져서 목적을 이루는 치밀한 기획과 프로세스로 일을 진행시킨다.

이러한 점에서 도둑들은 하드웨어가 성패의 핵심이지만 사기꾼들은 소프트웨어가 중요하다. 즉 도둑들은 침입하려는 건물의 높이, 출입문의 잠금장치, 도주 경로가 관심사이고 사기꾼들은 속이려는 사람의 특성과 심리가 중요 사안이다.

도둑과 사기꾼은 결코 겸업할 수 없음을 실감한다. 필요 역량과 업무 수행 방식이 다르고 핵심 성공 요인도 연관성이 전혀 없기 때문이다.

범죄자의 업종이 다르다면 대비책도 다를 것이다. 도둑들의 피해자가 되지 않기 위해서는 하드웨어를 개선해서 방범을 단단히 하면 된다. 하지만 머리가 좋고 교활하며 상대방의 심리를 정확히 읽고 스킨십에도 능한 사기꾼들의 마수를 피하기는 어렵다.

사기꾼들은 1단계로 친분을 쌓아 경계를 풀게 한 다음 2단계로 "당신을 믿고 특별히 말해주는 아주 좋은 기회이니 놓치지 말라"는 식으로 접근한다. 게다가 "시간이 얼마 없으니 빨리 결정하지 않으면 좋은 기회가 없어진다"고 압박하는 고도의 심리전까지 곁들인다.

대비책은 따로 없다. 과욕을 부리지 않는다. 과욕을 부리면 판단이 흐려지고 심리적으로 허점이 생기면 속아 넘어가게 마련이다. 특히 사기꾼들은 미끼를 던지고 수차례에 걸쳐 푼돈을 벌게 해주면서 결국 한 방에 목돈을 털어가는 치밀함까지 갖추고 있다.

법관은 물론 경찰조차도 사기를 당하는 이유는 사기꾼이 정교한 심리전의 전문가이기 때문이다. 상당한 기간 동안 친분을 쌓고 적절한 행동으로 경계심을 무너뜨리면서 허점이 생기는 적절한 기회에 실행하기에 감당하기 어렵다. 사기는 모두 아는 관계에서 생긴다는 점을 명심해야 한다.

가깝지만 사기꾼이 결코 아닌 관계가 있다. 가족이다. 하지만 가족도 성인이 되면 경제적 문제에서는 상호 적절한 거리를 유지하는 것이 현실적이다. 부모 형제간이라도 본의 아니게 피해를 입히는 경우를 종종 목격한다.

친형제가 어려우면 도와줄 수는 있지만 내 인생의 모든 위험을 거는 것은 어리석다고 생각한다. 자칫 같이 망하면 대책도 없다. 100세 시대에 노후대책의 가장 큰 장애물이 자식이라는 이야기가 그냥 나오는 것이 아니다.

10년 이상을 같이 밥 먹고 운동하면서 알고 지내도 모르는 것이 사람이다. 진면목은 금전 거래를 하거나, 힘든 상황에서 일을 같이 해야 겨우 감을 잡는다. 또한 사람이 나쁜 것이 아니라 상황이 그렇게 만드는 경우도 있다. 가까운 사람을 조심하는 것이 리스크 관리의 요체이다.

멘토놀이가 아니라
멘토로 인정받자

고대 그리스의 트로이 전쟁 당시 그리스 연합국이었던 '이타카'
의 오디세우스 왕이 출전하면서 어린 아들의 훈육을 친구 멘토
Mentor에게 맡겼다. 멘토는 왕의 아들의 정신적 지주로서 아버지
와 조언자, 스승의 역할을 하면서 보살폈다.

10년 후에 오디세우스 왕이 트로이 전쟁에서 이기고 귀국해서
훌륭하게 성장한 아들을 보고 친구에게 감사했다. 이후로 시민들
은 지혜와 신뢰로 인생을 이끌어주는 스승을 '멘토'라고 부르게
되었다.

스승의 입장인 멘토가 제자의 입장인 멘티보다 나이가 많으라

는 법은 없다. 동년배라도 무방하지만 통상 멘토의 나이가 많으면 자연스럽다.

6·25전쟁 이후 출생 기준으로 베이비붐 세대(1955~1963년 출생) 이후 X세대(1960년대 중반~1970년대 출생), Y세대(1980년대~1990년대 중반 출생)로 이어졌다. X세대는 삐삐와 워크맨, Y세대는 스마트폰과 태블릿으로 상징되며, 베이비붐 세대의 2세인 Y세대가 마흔 무렵으로 접어들고 있다. 각 세대는 성장기의 환경에 따라 나름의 특성을 가지기에 조직에서도 세대 교체가 진행되면서 문화와 관행의 변화가 생겨난다.

최근 트렌드를 형성하는 멘토와 코칭은 이러한 변화와 맥락을 같이한다. 과거 가족과 친지의 범위에서 이루어지던 훈육이 사회적 개인적 계약의 영역으로 이행되었다. 이는 근대교육의 확산, 혈연 구조의 약화, 정보기술의 확산이라는 3박자가 맞물린 결과이다.

15세기 중반 구텐베르크의 활판금속 인쇄가 발명되기 전까지 문자해독은 특수전문 직업인의 전문 기능이었다. 필사본 한 권의 소장도 부유한 귀족이나 가능했고, 일반인은 책 자체를 구경할 수도 없었기 때문이다. 심지어 귀족조차도 문맹인 경우가 비일비재했다.

18세기 중반 산업혁명 이후에 일반인도 근대교육을 통해 문자 해독이 가능해졌다. 이는 대규모 공장 형태의 생산 구조에서 분업을 위한 작업 지시와 사후 확인 과정에서 근로자들의 문자 해독이 필요했기 때문이다.

일반인들이 문자를 해독하게 되면서 이들을 대상으로 하는 통속소설, 선정적 신문과 잡지 등이 등장했다. 비로소 교육은 혈족을 떠나 공공의 영역으로 나왔다. 이전에는 할아버지와 아버지가 손자와 아들에게 인성 함양, 직업적 지식 등 모든 부분을 세대를 이어 훈육하는 구조였다. 혈족의 교육기능을 공공교육과 분담하기는 했으나 20세기 중반까지 가족은 강력한 지식 전달 통로였다.

그러나 20세기 후반부터 본격화된 정보화 혁명으로 경험과 지식의 세대간 전달이 글로벌 네트워크를 통한 정보 습득으로 전환되었다. 할아버지가 평생을 축적한 경험과 정보보다 인터넷과 외국어에 능통한 대학생 손자가 습득하는 정보가 방대하고 정확한 시대가 되었다. 과거 할아버지, 아버지가 가졌던 권위는 실종되었고, 혈족의 친근한 감정만 남는 구조로 변모했다.

이러한 흐름이 사회와 조직으로 확산되는 것은 당연하다. 과거의 조직 내부 교육은 상사가 부하에게, 선배가 후배에게 했다. 하지만 이제는 상사와 선배의 경험과 정보가 과거처럼 압도적이지는 않다. 실제로 젊은 세대의 아이디어와 접근방식이 앞서는 경우도 많다.

산업혁명으로 인성의 함양과 지식의 전달이라는 훈육의 기본이 혈족을 떠나 공공영역으로 나왔다. 정보화 혁명에 따른 정보와 지식의 확산으로 조직에서도 과거처럼 일방적인 집합교육 방식을 탈피해 일종의 일대일 방식의 공식적 교육인 멘토, 코칭을 도입하는 추세가 형성되었다.

그러나 언제나 사람의 생각은 현실에 뒤처지는 경우가 많다. 할아버지가 과거 자신의 어린 시절을 생각해서 손자에게 이래라저래라 훈계하고, 조직의 상사와 선배가 자신의 신입 시절처럼 신참에게 훈계하는 경우이다.

실질적 권위가 약화되었는데 형식적 위계에 기반한 훈계는 겉으로는 듣지만 속으로는 반발하는 면종복배面從腹背만 불러일으킨다. 마흔 무렵부터 어쭙잖은 충고와 훈계는 매우 조심하고 신중해야 하는 이유이다.

중년이 되면 후배들에게 하고 싶은 이야기가 많아진다. 나름대로는 좋은 의도를 가지고 필요한 이야기를 했는데 상대방은 받아들이지도 않고 오히려 속으로 반발하는 경우가 많다. 사실 사춘기에 접어드는 친자식들도 흔히 보이는 양상이다.

"말 한마디로 평생 빚을 갚는다"는 속담이 있다. 말 한마디로 평생이 바뀌는 것도 사람이다. 인생에서 결정적인 순간에 소중한 조언에 힘입어 생각이 바뀌고 인생이 바뀌는 경우이다. 나 자신을 돌이켜보아도 어린 시절 어른들의 조언이 당시에는 의미를 몰랐거나, 심지어 속으로 반발했을지라도 시간이 갈수록 마음에 여운을 남기면서 삶의 지표가 되는 경우가 있다.

반면 친지들과 직장상사들의 별 의미 없는 훈계조의 이야기를 들으면서 지루한 시간을 견디었던 기억도 적지 않다. 이전 직장의 어떤 상사는 업무 능력도 웬만하고 나름 장점이 있는데, 자리만 만들어지면 습관적으로 늘어놓는 이런저런 조언과 충고를 듣는 것이 큰 고역이었다.

아무리 정보기술이 발달해도 인생의 경험에서 생기는 지혜와 통찰력은 소중한 자산이다. 필요한 후배들에게 적시에 조언할 수 있다면 가치 있는 일이다. 때때로 후배들이 직접 조언을 청해오면 또한 반갑게 응대하게 된다. 하지만 먼저 조언을 요청하기 전에는 웬만하면 먼저 이야기하지 않는 것이 좋다. "목마른 사람이 우물 판다"는 속담처럼 조언도 당사자가 필요하다고 느낄 때 의미가 있는 것이다.

소위 조언의 수요자는 필요로 하지 않는데 공급자가 자칭 멘토랍시고 이야기하면 시간 낭비이다. 나이가 들었고 경험이 있다고 착각하고 자청해서 멘토놀이를 하지 않는 것이 좋다. 멘토는 후배들에게 존경받는 선배의 선택이다.

60세가 넘은 분에게 인생을 지혜롭게 사는 '3까의 법칙'을 들은 적이 있다.

"먹을까 말까 헷갈리면 먹지 마라, 갈까 말까 헷갈리면 가라, 말할까 말까 헷갈리면 말하지 마라."

나이가 들수록 입을 닫고 다리를 움직이고, 말하지 말고 들어라. 답하지 말고 물어라.

5장

———

마흔 이후, 가족에
대한 생각들

가족은 중요하지만
올인할 필요는 없다

가족은 운명이다. 내가 부모를 선택해서 세상에 나오지 못한다. 결혼은 선택이지만 자식은 운명이다. 주어진 운명이기에 상호관계의 밀도는 변하지만 기본적으로 평생을 함께 한다. 자식으로서, 부모로서 자신의 역할과 책임에 충실해야 하지만 그렇다고 올인할 필요는 없다.

생물의 수명은 진화과정에서 '생존과 번식'이라는 목표함수에 최적화되었다. 태어난 생명이 성체로 성장하고 생식해 후손을 퍼뜨리는 타임라인이 설정되어 있다. 이 과정에서 각자의 전략에 따라 양상이 달라진다.

곤충, 어류, 초식동물 등은 양量을 선택했다. 많이 낳고 많이 죽고 많이 살아남아서 많이 퍼뜨린다. 포식어류, 육식동물은 질質을 선택했다. 적게 낳은 개체가 높은 확률로 살아남되 적게 퍼뜨려서 불필요한 내부 경쟁을 제한한다.

인간은 질質의 구조에 시간범위를 확장하는 독특한 형태이다. 돼지, 쥐 등과 같이 양量 전략을 선택한 개체는 한 번에 낳는 새끼가 많다. 호랑이, 사자 등과 같이 질質 전략을 선택한 개체는 1~2마리 수준이다. 인간은 보통 한 명이다.

문제는 달리기, 수영하기, 물어뜯기 등의 육체적 능력이 현저히 떨어지는 데서 온다. 임신 기간도 길고 한 명을 겨우 낳아서 성인이 되어도 육체적 능력이 떨어져 생존 가능성도 높지 않은 한계상황이다. 이를 호모 사피엔스는 도구와 협동, 지식으로 돌파구를 찾았다. 취약한 육체적 능력을 도구를 통한 협동과 지식의 활용으로 대응했다.

하등생물로 갈수록 학습 없이 본능만으로 성체로 성장한다. 고등생물일수록 본능에 학습이 결합되어 성체의 생존 능력이 확보된다. 인간은 본능보다 학습의 비중이 더 커졌다. 충분한 학습 기간을 확보하기 위해서 부모와 함께하는 양육기간이 길어진다.

출생에서 성체가 되기까지 10년 이상이 소요된다.

문명 이전 상태의 인간 평균수명은 40세 남짓이다. 현대에도 지구상 오지에 사는 원시부족의 수명도 비슷하다. 영아 사망을 제외하고 생존과 번식에 필요한 기간이다. 이들이 출생해서 성체가 되어 후손을 낳는 기준 연령이 15세 내외이다. 여자의 경우 1년간 임신, 1년간 수유로 계산해 2년에 한 명씩 출산하는 기준으로 평생 10~12명 정도가 최대치이다.

15세에 부모가 첫아이를 본다는 전제에서 30세 무렵에는 손자가 태어난다. 첫아이가 25세가 되고 다섯째 아이가 후손을 보는 40세 무렵에 생명을 다한다.

막내 등 어린아이들은 형과 누나들이 돌본다. 할아버지보다 할머니가 되는 여자의 수명이 더 긴 이유는 육아에서 필요한 역할이 남아 있기 때문이다. 생물학적으로 생식이 끝나고 집단의 생존에 도움이 되지 않는 개체는 소멸해야 집단의 생존성이 훼손되지 않는다.

이러한 기본구조는 19세기까지 유지되었다. 1900년대 미국, 유럽 등 선진국의 평균수명이 50세 내외였다. 하지만 20세기 초반의 녹색혁명으로 인한 식량 부족 해결, 냉장고 보급 등 생활환경 개선과 의료기술 발달로 평균수명이 급격히 늘어났다.

이는 인간이 생존과 번식을 위해 확보한 지식의 총량이 급증했다는 것을 의미한다. 20세기 후반의 정보화 혁명은 이러한 추세를 더욱 증폭시켰다. 이는 교육기간의 연장, 세대순환 구조의 변화로 연결되었다.

19세기까지는 육체적 능력이 성숙되면 간단한 교육만으로도 성인으로서의 활동이 가능했다. 21세기는 육체적 능력은 기본 조건이고, 높은 수준의 교육을 받아야 전문직의 성인으로 역할이 가능하다. 교육기간 연장과 자원투입 증가는 후손에 대한 비용 상승을 의미한다. 따라서 결혼과 출산에 대해 신중하고 소극적이 된다. 또한 60세를 기준으로 20대 중반에 결혼해서 낳은 첫아이가 성인이 되어 손자를 보는 나이가 50대 초반이다.

50세 초중반에 은퇴하여 10년 내외를 살다가 세상을 떠나는 순환구조가 백세시대가 되면 완전히 달라진다. 과거 60세 전후에 세상을 떠나면서 30대 중반의 후손들에게 자산을 물려주면 요긴하게 사용했다. 이제는 60세가 되어도 40년을 더 살아야 하기에 물려줄 수가 없다. 이러한 모든 사회경제적 변화가 한 세대만에 생겨났다.

기대수명과 세대순환을 언급하는 이유는 가족의 개념이 달라졌음을 설명하기 위해서이다. 문명시대 이전에는 가족과 무리의 범위를 떠나서는 개체의 생존이 불가능했다. 또한 모든 생존에 필요한 대부분의 지식이 조부모, 부모 등 선대로부터 전수받아야 성체로서 생존이 가능하다. 따라서 가족 내의 위계질서에 철저히 복종하고 가부장의 권위는 절대적이다.

이는 19세기까지 유지되어 왔다. 우리나라에서는 20세기 중반 산업화 이전까지 동일한 구조였다. 그러나 산업화와 정보화로 인해 생존 구조, 교육기간, 가족 내 분업 등이 한 세대 만에 급격히 변화했다. 이제는 필요한 지식과 정보가 가족이 아니라 외부에 있다.

농경시대에는 부모가 자식에게 토지를 물려주고 농사기술을 가르쳤지만 현대에는 자식이 성인으로 직업적 역할을 수행하는 데 부모의 역할이 별로 없다. 가부장을 중심으로 진행되는 가족 내 분업은 사라지고, 가족 내 감정적 유대가 핵심이 되면서 특히 아버지의 입지가 좁아지는 것은 당연하다.

가족 내부의 상호관계와 위계질서도 생존 방식의 변화를 반영한다. 우리나라의 베이비붐 세대는 기존 방식에서 부모님을 모시고 새로운 방식으로 자식들을 대하는 입장이다. 마흔 무렵의 1970~1980년대 생들은 이러한 간극을 덜 느낄 것으로 생각된다. 산업화 이후에 성장기를 보냈고 정보화 이후에 활동기를 맞았기 때문이다.

베이비붐 세대보다는 다음 세대인 X세대가 가족에 대해서 더 개방적이다. 워크맨을 들고 다니며 '서태지와 아이들'(1992년 데뷔)의 음악을 들으면서 대중문화의 꽃을 피웠던 연령대이다. 개성을 존중하고 개인생활을 중시하기에 가족에 대한 입장도 유연할 것이다. 동시에 가족을 소중히 하는 만큼 자신도 소중히 생각하라고 말하고 싶다.

결국 시간이 흐르고 성인이 되면 아이들도 떠나가고 배우자와의 관계도 결이 달라진다. 아이들에게 헌신하는 것은 부모로서의 의무이지만 심리적으로 경제적으로 무리해가면서 내 인생을 올인할 필요까지는 없다. 아이들에게는 아이들의 삶이 있고, 나는 나의 삶이 있다. 분기점은 아이들의 사춘기이다.

자녀교육법에
정답은 없다

40대 중반에 공중파 라디오의 경제 프로그램에서 1주일에 1회씩 글로벌 경제해설 프로그램을 진행했다. 방송국을 옮겨가며 5년 정도를 진행했는데, 바쁜 업무 일정에 주제를 선정하고 원고를 작성한 후 아침에 시간을 맞추어 라디오 스튜디오에서 방송하는 일이 쉽지만은 않았지만 다양한 주제를 학습하는 효과도 있었다.

경제 프로그램 출연자들과 앞서거니 뒤서거니 스튜디오에서 인사도 나누고 교류하는 기회가 자연히 생겨났다. 그런데 의외로 방송에 출연하는 재테크 전문가들 중에서 정작 재테크로 돈을 번 사람이 드물다는 사실을 알게 되었다. 유명세를 타면서 재테크 관련 콘텐츠로 돈을 버는 구조였다.

냉정히 생각해보면 당연하다. 재테크로 돈 버는 비법을 터득했으면 혼자 조용히 돈 벌면 그만이지 이를 다른 사람과 공유할 이유는 없기 때문이다. 방송 출연료, 책 인세, 강연료라고 해봐야 큰돈이 되지 않는다.

실제로 부자들은 결코 떠들지 않는다. 물론 재테크 전문가들이 전달하는 정보와 가이드라인은 유용하지만 그렇다고 이들이 이미지에 걸맞은 실체로서의 성공 경험이나 비법이 뒤따르지는 않는 경우도 많다.

나는 첫 직장이 증권회사였기 때문에 이러한 측면이 생생히 느껴졌다. 지점에서 영업도 해본 경험으로 진짜 고수들은 묵묵히 기다리다가 조용히 매수하고 침착하게 타이밍을 골라서 매도한다. 반면에 객장에 매일 출근해서 시끄럽게 떠드는 부류들은 하수이고 잔챙이들이다. 그리고 주식에 대한 감각은 학력이나 지식과도 무관한 동물적 본능에 가깝다.

유명한 펀드매니저들도 실제로는 손실을 보는 경우가 비일비재하다. 표면적 이미지와 본질적 실체는 거리가 있는 사례이다.

매사가 이런 측면이 일정 부분 존재한다. 세상만사 표리가 일치하기는 어렵다. 젊은 시절에는 현혹되기도 하지만 나이가 들면 그러려니 하고 수긍하게 된다. 하지만 아이를 잘 키웠다는 육아법만큼은 나름대로 할 말이 있다.

"나는 아이를 훌륭하게 키웠다. 그러니 이렇게 키워라"는 식의 방송, 도서, 인터뷰 등을 자주 접한다. 대략 "부모가 모범을 보이고, 언제나 아이들을 존중하고, 강요하지 않고 자유를 주었다"는 식의 원론적인 이야기들이다. 물론 실제 경험이 곁들여지기에 현장감은 있다. 그리고 아이들이 "A대학을 가서 자랑스럽다" "B시험을 붙어서 선망의 대상이다" "C상을 받아서 앞길이 탄탄하다"는 식으로 마무리된다.

보는 사람마다 다르겠지만 나는 액면 그대로 받아들이기 어렵다. 먼저 과연 사실관계가 정확한지에 의문을 가진다. 남들 앞에서 자랑하지만 집에서 아이들을 대하는 방식은 정확하게 알기 어렵다. 또한 사실관계를 받아들인다고 하더라도 하늘 무서운 줄 모르는 교만을 느낀다.

이 세상에 어떤 부모가 자식을 위해서 최선을 다하지 않겠는가. 부모와 자식은 운명적으로 맺어진다. 선택하는 대상이 아니다. 훌륭하게 성장한 아이들은 결과적으로 그렇게 된 측면이 있다. 부모의 관심과 노력도 중요하겠지만 이외의 행운도 있기 때문이다. 다른 부모들은 자신들보다 못해서 그렇지 못한가 말이다.

"신은 모든 곳에 존재할 수 없어서 어머니를 만들었다"는 유대인 속담처럼 모든 어머니는 자식에게 전지전능한 신과 같은 헌신과 정성을 기울인다. 하지만 아이들의 운명은 또한 각양각색이다. 아이가 건강하게 자라고 선망하는 성인이 되었는데, 조용히 감사하지 않고 여기저기 나와서 떠드는 모습에서 느껴지는 인상은 '교만'이다.

아이들은 각자 타고나는 재능과 특성이 다르기 때문에 자녀교육에는 정답이 있을 수 없다. 물론 여건과 환경을 잘 만들어주면 아이들에게 도움이 되겠지만 이 또한 절대적 연관성이 있다고 하기도 어렵다. 인생살이의 다른 문제와 마찬가지로 재테크, 행복론, 육아법에서도 타인의 지식과 경험을 활용하지만, 결국 판단과 책임은 온전히 자신에게 있음을 깨달아야 한다.

아이의 미래 기초체력은
영어와 코딩이다

연령대에 따라 화제가 달라진다. 10대는 스포츠와 연예인, 20대는 이성과 진로, 30대는 결혼과 직업 등이다. 50대 중반이 되니 노후대책과 건강, 자녀 결혼이 화제의 중심이다. 40대는 자녀의 적성과 교육이다.

아이들이 사춘기를 맞으면서 각자 개성과 적성이 어느 정도 드러나기 시작하고, 중고등학교에서는 나름대로의 주관도 생긴다.

모든 부모가 아이가 학교에서 공부 잘하고 인정받기를 바라겠지만 현실은 다르다. 의외로 학교생활에 적응하지 못하는 경우,

학교는 잘 다니는데 공부에 도통 관심이 없는 경우 등 다양한 변주가 시작되고 부모로서의 고민도 깊어진다. 나는 요즘 우리나라의 시대에 뒤떨어진 교육제도와 교육내용에서 학과 공부가 미래의 관점에서 무슨 의미가 있는지 의문이다.

언론매체에서는 미래의 유망직업을 단골기사로 다룬다. 앞으로 인공지능AI 시대가 전개되면 기존 직업군의 대대적 재편이 일어날 것이라고 예측한다. 현재 각광받는 변호사, 회계사, 교사 등이 퇴조하고 데이터 분석가, 인공지능 전문가 등이 부상한다고 전한다. 그러나 그냥 흥미롭게 참고할 뿐이지 큰 의미를 두기는 어렵다.

20~30년 후의 직업판도를 지금 예측하는 것은 어불성설이다. 오히려 이런 내용을 다루는 신문, 잡지, 공중파, 종편 등 아날로그 미디어가 미래 디지털 산업변화에서 먼저 없어질 직종들이다.

과거 아날로그 시대에는 고정성이 높은 사회 구조에서 개인의 직업 경로가 단순했다. 어느 시대에나 법조와 의료는 구조의 상층부를 차지한다. 정치는 최상층부이지만 리스크가 크고 경로가 불분명해 다른 차원이다. 나머지 은행원, 대기업, 공무원, 교사 등의 전문직이 인기가 높다. 하지만 미래의 디지털 시대는 기술에서 촉발되는 사회 구조의 변화, 직업 판도의 변화가 불가피하다.

전문직의 외양은 그대로일지라도 실제로는 다른 양상을 띨 것이기에 섣부른 예측은 금물이다. 하지만 대략적 방향에 맞게 기본적인 기능에 대해서는 생각해볼 수 있다. 예컨대 60년 전에 공학교육을 받고 외국어가 가능했으면 인생의 가능성이 더 커졌을 것이다.

일본 소프트뱅크 사의 손정의 회장은 1957년 일본 규슈의 가난한 재일교포 집안에서 태어났다. 고등학교를 중퇴하고 떠난 미국 유학에서 정보혁명 시대의 무한한 가능성을 감지했다. 학업을 마치고 귀국해 1981년 소프트뱅크를 설립한 후 시장 변화를 선도하는 대규모 M&A를 연이어 성공시키면서 2018년 매출 100조 원의 글로벌 기업으로 성장시켰다.

'소프트뱅크 월드 2017'에서 18년간 11억 달러의 투자금이 15배인 175억 달러가 되었으며, 연평균 내부수익률IRR, Internal Rate of Return이 44%라고 발표했다. 이어서 항간에서 중국의 알리바바에 대한 투자에서 큰 이익이 났을 뿐이라고 폄하하기에 투자 수익금 1위인 알리바바를 제외하고 계산했더니 42%였고, 1위에서 5위까지 모두를 제외해도 41%라고 밝혔다.

소프트뱅크의 상승세는 2016년 조성한 1,000억 달러의 비전펀드 운영으로 더욱 가속화되었다. 소프트뱅크 280억 달러, 아랍계 국부펀드 600억 달러를 주축으로 애플, 퀄컴 등에서 조달한 자금을 ARM, Nvidia, WeWork, Uber 등 67개 기업에 투자했다. 비전펀드 투자수익이 반영되는 2018년 상반기 영업이익이 전년대비 62% 증가한 1조 4천억 엔을 기록했다. 창업 이래 38년간 손 회장의 일관된 투자 방향은 디지털과 글로벌이었고, 단기간에 괄목할 만한 성과를 거두고 있는 비전펀드도 동일한 맥락이다.

20세기 후반부터 진행되는 거대한 변화의 키워드는 디지털과 글로벌이다. 앞으로 한 세대는 이러한 흐름이 지속될 것이다. 이런 점에서 30년 후 활동할 미래 세대의 기초체력은 영어와 코딩(컴퓨터 프로그래밍)이다. 이는 글로벌과 디지털이라는 트렌드에 부합하는 개인의 기본적 역량이기 때문이다.

21세기에 영어는 외국어가 아니라 글로벌 시대에 정보를 습득하고 타인들과 교류하는 기본도구이다. 영어는 우리나라 사람들이라면 일정 수준 부담감을 가지고 있다. 나 역시 마찬가지이다. 원어민처럼 유창하면 좋겠지만 한국인으로서는 쉽지 않다.

이런 점에서 손 회장은 벤치마킹 대상이다. 전 세계를 무대로

메가 비즈니스를 이끌어가면서 통역사를 쓰지 않고 직접 대화한다. 성장기에 6년여를 미국 대학에서 공부했지만 영어 실력은 원어민과는 거리가 멀다. 2017년 손 회장을 대면해서 인터뷰한 〈조선비즈〉 송의달 대표는 특유의 영어를 다음과 같이 요약했다.

사용하는 영어 단어 수는 1,480개로 중학교에서 배우는 어휘력 수준이다. "어휘량을 억지로 늘리지 않고도 확고한 신념이나 열의가 있다면 상대방에게 의사를 충분히 전달할 수 있다"는 믿음에서다. 문법은 틀려도 개의치 않는다. "세계 영어 사용 인구의 80%가 비非원어민인만큼 문법적 실수는 당연하다"는 입장이다. '비즈니스 현장에서 요체는 최대한의 간략簡略'이라는 경영관에 맞춰 사용하는 표현과 문장도 단순 간결하다. 대신 영어의 리듬과 액센트는 신경 쓴다. "단어의 리듬과 액센트가 영어 원어민에게 전달되느냐 마느냐를 결정짓는 승부처"로 보고 한 단어 단어마다 최대한 정확하게 말한다. 동영상 플랫폼에 손 회장의 대담, 연설장면을 보면 확인할 수 있다.

영어습득을 위해 비싼 학원을 다니거나 해외연수를 떠나지 않아도 된다. 아이들이 각자 좋아하는 내용을 유튜브 등 플랫폼을 통해 영어 콘텐츠를 접하는 것으로 충분하다. 요리와 패션에 관심이 많은 여학생, 게임과 만화를 좋아하는 남학생 등 스포츠, 역사물, 영화 등 흥미를 가지는 콘텐츠를 영어로 보면 된다.

컴퓨터 언어의 이해와 코딩은 기술이 아니라 디지털 시대의 소통에 필요한 기본 언어이다. 기본적인 코딩 능력이 있으면 영역을 불문하고 기술적 부분을 이해할 수 있다. 예컨대 패션디자인을 공부하는 여학생이 있는데, 영어를 구사하느냐, 코딩이 가능하냐에 따라 인생의 가능성이 달라진다.

젊은 세대에게 영어와 코딩은 현재의 전공 분야를 바탕으로 미래의 변화에 적응할 수 있는 기초체력이다. 애플과 HP의 고위임원을 지낸 사티브 차힐Satjiv. S. Chahil은 한국 청년들이 국제무대에서 성공하려면 "영어와 요즘 세상에서 하나의 언어로 인정받는 코딩을 배우기를 권한다"고 조언한다.

아이의 미래는
아이에게 맡겨라

20여 년 전은 무럭무럭 크는 아이들의 재롱을 보던 시절이었다. 직장 상사가 "인간으로 세상에 나와서 역사의 물줄기를 바꾸는 위인들이나, 과학과 지성의 한 획을 긋는 선구자들이 아니라면 우리같이 평범한 사람들은 아이 낳아서 키우는 일이 가장 큰 일이다"라고 했다.

당시는 잘 몰랐는데 지내보니 이 말에 공감이 간다. 사실 보통 사람이 별달리 대단한 일을 하고 세상을 떠나겠는가. 매사가 직접 경험하기 전에는 모르는 법인데 아이도 마찬가지이다. 자신의 아이를 키워보기 전에는 부모로서의 감정을 이해하기 어렵다.

아이들을 키워보니 '돌 반에서 일곱 살' 기간이 가장 귀엽다. 물론 아이들이야 언제나 예쁘지만 갓난아기일 때는 보살피기가 쉽지 않다. 한 돌이 지나고 기저귀를 떼고 아장아장 설으면서 말을 하기 시작하면 내 자식이라는 느낌도 강해지고 항상 눈에 아른거린다.

'미운 일곱 살'이 되면 자기 주장이 생기면서 다른 차원이 된다. 그러다가 중학교 전후의 사춘기로 들어가면 감정 변화도 심해지고 부모에 대한 태도도 많이 달라진다. 때때로 내 자식 같지 않다. "자식은 평생 빚쟁이"라는 어른들 말씀을 실감하게 된다.

사춘기는 부모로부터 정신적으로 독립해나가는 시기이다. 어린아이가 성인이 되는 변곡점을 부모 입장에서는 적응하기가 힘들다. 항상 귀엽고 착하던 아이가 완전히 다른 모습을 보여서 당혹스럽다. 물론 일정한 시기를 지나면 감정 변화는 잦아들지만 다시는 과거의 귀여운 어린이로 돌아가지 않는다. 품 안을 떠나서 독립적 세계를 가진 성인의 인생길 초입으로 들어간다.

아버지는 '아이의 인생이니 자신이 선택해야 한다'는 입장이 많다면, 어머니는 '내가 낳은 자식이니 그래도 내 말을 듣고 내 감정도 이해해야 한다'는 생각이 강하다. 딸들은 아이돌 사진을

붙여놓고 친구들과 공감대를 키워가지만 그래도 부모의 감정과 생각을 이해하고 따르는 척이라도 하는 경우가 많다. 반면 아들은 자기 생각을 주장하고 부모와 정면으로 충돌하기도 한다. 일종의 질풍노도의 시기를 지나면서 이 단계에서 부모-자식의 관계가 재정립된다.

어릴 때의 부모-자식 관계는 별다를 것이 없다. 어리기 때문에 발생하는 번거로움, 말썽장이들의 뒤치닥거리나 하면서 행복한 시간을 보내면 그만이다. 하지만 사춘기부터는 부모 품을 벗어나 독자적 세계를 만들어가는 자식들과의 갈등이 시작되고 때로는 증폭되면서 성인 간의 관계로 재정립된다. 이러한 과정관리에 실패하면 부모-자식 간에 앙금이 쌓이고 악화된 관계가 후일에도 쉽게 회복되지 않는다.

내가 부모님 슬하에서 클 때는 몰랐는데 부모가 되어 아이들을 키워보면서, 또한 친지들의 아이들이 크는 과정을 지켜보면서 실감하게 되었다. 그런데 40년 전 나와 또래들의 사춘기 시절을 돌이켜보면 마찬가지였다. 다만 지금보다 부모님의 말씀에 순종하는 분위기였고, 가난하고 힘든 시절이어서 이런 문제에 신경 쓰기 어려웠을 따름이다.

그래도 중고등학교 시절에 말썽꾼들은 있었고, 선생님 말씀과 반대로만 하는 청개구리도 흔했다. 세월이 흘러 보니 모두 어엿하게 여기서기서 나름대로 먹고살고 아이를 잘 키우고 있다.

도대체 왜 학교를 안 가고 빈둥거리고 있느냐? 제발 철 좀 들어라. 왜 그렇게 버릇이 없느냐? 선생님에게 존경심을 표하고 항상 인사를 드려라. 왜 수업이 끝나면 집으로 오지 않고 밖을 배회하느냐? 수업이 끝나면 집으로 오너라. 내가 다른 아이들처럼 땔감을 잘라오게 했느냐? 내가 다른 아이들처럼 쟁기질을 하게 하고 나를 부양하라고 했느냐? 도대체 왜 글공부를 하지 않는 것이냐? 자식이 아비의 직업을 물려받는 것은 엔릴 신께서 인간에게 내려주신 운명이다. 글을 열심히 배워야 서기관의 직업을 물려받을 수 있다. 모름지기 모든 기예 중 최고의 기예는 글을 아는 것이다. 글을 알아야만 지식을 받고 지식을 전해줄 수 있다. 너의 형을 본받고 너의 동생을 본받아라.

기원전 18세기, 수메르 점토판에 쓰여진 내용이다.

요즘 아이들은 버릇이 없다. 부모에게 대들고, 음식을 게걸스럽게 먹고, 스승에게도 대든다.

기원전 5세기, 소크라테스Socrates의 말이다.

> 한심한 젊은 녀석이 부모가 화를 내도 고치지 않고, 동네 사람들이 욕해도 움직이지 않고, 스승이 가르쳐도 변할 줄 모른다. 이처럼 부모의 사랑, 동네 사람들의 행실, 스승의 지혜라는 3가지 도움이 더해져도 끝내 미동도 하지 않고, 그 정강이에 난 한 가닥 털조차도 바뀌지 않는다.

기원전 3세기, 한비자韓非子의 말이다.

4천 년 전 메소포타미아 수메르에서 서기로 일하던 아버지가 아들에게 했던 훈계는 지금 우리나라의 어떤 부모가 사춘기 자녀에게 해도 이상하지 않다. 2,500년 전 그리스의 소크라테스, 2,300년 전 중국의 한비자도 개탄했던, 당시 청소년의 버릇없음은 동서고금을 막론하고 부모들의 공통적인 심경을 나타낸다. 항상 어른들은 젊은이들의 버릇없음과 제멋대로의 행동을 개탄하고 한숨을 내쉬면서 앞날을 걱정했지만 젊은이들은 변하지 않았고, 세상 또한 그럭저럭 흘러왔다.

수천 년 전 부모의 잔소리가 오늘날에도 회자되는 이유는 사람 사는 것이 본질적으로 변하지 않았기 때문이다. 개구리가 올

챙이적 생각 못하듯이 어른들은 자신들의 젊었던 시절을 잘 기억하지 못하거나, 기억하고 싶은 부분만을 선택적으로 기억하면서 '옛날에 나는 그렇지 않았다'라고 생각한다. 반면 젊은이들은 기존 질서를 부정하고 새로움을 시도하기에 기존과 신진의 갈등이 불가피하다. 하지만 이러한 갈등은 새로운 변화를 위한 에너지로 전환되어 세계를 변화시킨다.

마흔 무렵부터 아이들이 품 안을 벗어나기 시작한다. 아이들이 어려서 아직 품 안에 있으면 얼마 남지 않은 시간에 사랑을 듬뿍 주고, 벗어나기 시작하면 받아들이면 된다.

아이의 미래는 자신의 것이다. 부모로서는 아이가 자신의 길을 잘 찾도록 여건을 만들고 조언하는 정도가 최선이다. 어차피 아이 인생을 책임질 수 없기 때문이다. 이 대목에서 『로마인 이야기』를 쓴 일본의 작가 시오노 나나미의 견해를 소개하면서 마무리하고 싶다.

교육과 관련해서 이런저런 이름이 붙은 위원회 등에서 자문해 올 때마다 나는 '교육에 대해 배우려거든 <동물의 왕국> 다큐멘터리를 보라'고 말한다. 어떤 동물이든 부모는 자식이 독립할 때까지는 성심성의껏 돌보고 키워주지만, 목표는 자식의 홀로서기다. 인간 세계도 마찬가지다. 부모건 학교건 빨리 잘 키워서 떠나보낼 생각을 해야 한다. 연인이나 부부, 기업은 어떻게 잘 잡아놓을 것인지를 생각해야 하겠지만(웃음). 요즘은 이런 각자의 역할을 마구 헷갈리는 듯하다. 학교나 부모가 학생을 잡아놓으려 하고 기업이 인재를 떠나보내려 하니 이건 기본이 잘못된 것이다.

-<신동아> 2010년 9월호

아이들의 성장기 경험이 인생을 결정한다

부모들은 아이들이 건강하게 자라서 자신의 인생을 열어가기를 기원한다. 각자 자신의 형편에 따라 최선을 다해서 좋은 교육 기회를 제공하고 의미 있는 경험 기회를 부여해 미래의 자산이 되도록 한다. 궁극적 선택은 아이의 몫이지만 시대의 흐름과 부합하면 더욱 효과적이다.

예를 들어 구한말 조선왕조가 쇠락해가는데 기존 성리학의 범주에 얽매여 자식에게 과거공부로 논어, 맹자 등 사서삼경을 통달해봐야 개인적 교양으로 그친다. 그러나 개화기의 신문물을 받아들이고 신학문을 공부시켰으면 우리나라 근대화 과정에서 많은 기회를 가질 수 있었다. 이런 점에서 성장기의 경험이 어떤 의미를 가지는지 한번 생각해보자.

중국 삼국시대가 배경인 소설 『삼국지』의 주요 인물인 조조曹操는 장남인 조비曹丕를 후계자로 삼았다. 조비는 껍데기만 남아 있던 한漢 왕조를 폐하고 위魏나라를 개창해 황제 자리에 올라 위나라 문제文帝가 된다. 그는 "삼대三代에 이른 가문의 어른이 되어야 올바로 옷을 입고 음식을 먹는 법을 안다三世長者知服食"고 언급했다.

조조가 200년의 관도대전에서 화북 지역 전통의 강자 원소에게 승리를 거두면서 두각을 나타내고 53세인 207년에 화북 지방을 평정하던 시기 조비는 10대 중후반의 나이였다. 부친 조조가 대업을 일으키면서 조비는 술과 음식, 의복, 서화 등에서 최고급품을 접하게 되었다. 하지만 유년기를 지난 이후 부귀해졌기에 특히 입맛에서는 한계를 느꼈다는 회고이다.

당시 조조의 집안은 화북의 전통적 명문 원소, 양자강 이남의 맹주 손권 등 전통의 명문세가와는 격차가 컸다. 그러하기에 이러한 조비의 술회는 유년기에 형성되는 입맛과 취향에서 높은 안목을 지니려면 아버지가 아니라 할아버지대에서 입신출세해야 유년기부터 좋은 음식을 접하면서 입맛이 섬세하게 발달된다는 의미이다.

　미국의 빌 클린턴 전 대통령은 어머니가 임신 중에 있을 때 친아버지가 교통사고로 세상을 떠났다. 유복자를 출산한 20대 초반의 어머니는 호구지책으로 병원에 일자리를 얻었다. 편모슬하의 가난한 가정에서 언제나 길거리 싸구려 음식과 냉동식품을 먹으면서 자라났다. 그러나 학교에서 공부, 체육, 예능 등 다방면에서 우수했고, 변호사가 된 후 아칸소 주지사를 거쳐 미국 대통령에까지 당선되었다.

　어린 시절 가난했던 클린턴은 대통령이 되어서도 길거리 패스트푸드를 좋아했다. 백악관에서 세계 정상급 쉐프들이 차리는 최고급 요리가 어쩐지 허전해서 보좌관에게 길거리햄버거, 감자칩과 콜라를 사오게 해서 즐겼던 일화로 유명하다.

　사람들은 성장 단계에 따라서 일정한 영역에서 각인이 된다. 입맛은 이유식에서 사춘기까지 먹었던 음식에서 결정되고, 음악이나 의복 등 문화적 취향은 사춘기에서 20대 초반까지 유행한 사조에 지배를 받고, 세계관은 10대 후반에서 20대까지 접했던 가치 체계에 영향을 받는다.

영역별로 초기 입력된 기억과 경험이 기본적 틀을 규정한다. 단순히 입맛이 아니라 새로운 시대를 주도하는 사업적 재능과 상상력도 어린 시절의 경험이 중요하다.

1960년대 후반 미국 시애틀 초등학교 육성회에서 어머니 한 분이 우연히 잡지에서 접한 컴퓨터라는 신기한 물건을 화제에 올렸다. 아이디어가 발전해 자선바자회를 열어 수익금으로 초기형 컴퓨터를 구입했다. 방과 후에도 학교에 남아 오목과 같은 간단한 게임에 열중하는 아이들이었던 빌 게이츠와 폴 앨런이 후일 마이크로소프트 사를 창업했다.

13세에 처음으로 프로그램을 만들었던 빌 게이츠는 "당시 학생들이 컴퓨터를 접할 수 있는 기회를 갖는다는 것은 참으로 기적에 가까운 일이었다. 나는 그 점에 대해서 늘 감사한다"라고 회고했다.

시리아 출신 미국 유학생과 미국인 여대생 간에 사생아로 태어나 입양된 스티브 잡스는 자동차와 기계에 관심이 높았던 양

아버지의 영향도 있어 어렸을 때부터 전자회로에 관심이 많았다. 1968년 창간된 기술잡지 〈홀 어스 카달로그Whole Earth Catalog〉의 애독자로 '기술이 인간의 친구가 될 수 있다'는 잡지의 지향점은 후일 애플 사의 제품 철학으로 발전했다.

일본 규슈에서 가난한 재일교포들의 무허가 판자촌에서 태어난 손정의는 어렵게 입학한 명문고등학교 1학년을 자퇴하고 미국 유학을 떠나 캘리포니아에서 정보화 사회의 도래를 감지하고 소프트뱅크 사를 창업했다.

1955년생인 빌 게이츠, 스티브 잡스, 1957년생인 손정의와 동년배들인 폴 앨런, 스티브 워즈니악은 정보화 혁명의 주역이 되었다. 우리나라 IT업계의 대표주자인 네이버, 카카오톡, 엔씨소프트, 넥센의 창업자들이 1966~1968년생이다. 인터넷 확산을 배경으로 온라인 쇼핑사업을 시작해 유통산업 전반을 변혁시킨 아마존의 제프 베조스와 알리바바의 마윈은 1964년 동갑내기이다.

이는 단순한 시간적 우연이 아니라 예민한 감수성으로 새로운 사고방식을 적극적으로 발전시키는 성장기에 디지털 시대의 새로운 변화를 접할 수 있었기 때문이다. 매개체는 1975년 출시된 역사상 최초의 PC키트인 '알테어'와 1977년 선보인 '애플2'였다.

자녀들이 장성해 유망한 직업을 가지고 생활하는 모습은 모든 부모들의 공통적 바람이다. 하지만 아날로그 시대의 관점에서 디지털 시대를 살아갈 미래세대의 유망 분야를 예단하는 것은 무리이다.

아이들의 유망직업을 현재 시점에서 판단하지 말자. 아이들이 활동할 30년 후를 기준으로 사고의 범위를 넓혀야 한다.

노년의 부모님과
이야기를 많이 하라

마흔 무렵이 되면 부모님이 70대로 접어든다. 언제나 든든한 후
원군이셨던 부모님이 연로하시고 쇠잔해지심에 따라 세월을 실
감하게 된다. 40대 중후반부터는 부모님 세대가 세상을 많이 떠
나시기 시작한다.

어린 시절 부모님은 누구에게나 영웅이다. 어린아이의 눈에
어떤 일이 닥쳐도 흔들리지 않고 자신을 지켜줄 것 같은 슈퍼맨
이다. 그러나 시간이 흘러 사춘기로 접어들기 시작하면 커다란
항공모함처럼 여겨졌던 부모님이 실은 조그만 조각배에 불과하

다는 것을 알아가면서 차츰 세상으로 나아간다.

세월이 흘러 나 자신이 부모의 입장이 되어 키운 아이들이 사춘기를 맞으면서 똑같은 과정이 반복된다. 그러나 40대가 지나면 부모님이 다시금 커 보인다. 머리가 커지기 시작하던 대학시절, 사회초년병 시절에는 이해하지 못하던 부모님의 무게감을 알게 된다. 20대에 사회에 나와 격동의 30대를 살아가면서 인생의 이런저런 면을 이해하게 되기 때문이다.

세상이 인정하는 사회적 성취를 이루기보다 인생을 올곧게 원칙을 지키면서 품위 있게 살아가기가 더욱 힘들다는 점을 깨닫게 되기에 더욱 그렇다.

나의 경우 30대에 결혼하고 아이를 키우고 직장생활을 하고 세상살이의 신산함을 느끼게 되면서 평안북도에서 피난 나오셔서 남한에서 새로이 터전을 잡으신 부모님 세대의 노고를 이해할 수 있었다.

40대 초반에 어머니께서 세상을 떠나시고, 40대 후반에 아버지께서 뒤따르셨다. 세상만사가 그러하듯이 부모님의 별세도 직접 겪기 전에는 그 심정을 이해하기 어렵다. 내 인생을 항상 비추시던 불멸의 등불이 꺼지는 느낌이다.

다행히 아버지께서는 말년에 자서전을 한 권 남기셨다. 당신께서 세상을 떠나시더라도 어린 나이의 손자손녀들이 후일 성장해 할아버지의 삶과 생각을 이해했으면 하는 마음이시라고 했다. 평안북도 고향의 어린 시절에서 시작해 6·25전쟁, 부산에서의 피난살이 등 겪어오셨던 격동의 세월을 담담하게 남기셨다.

어려운 환경에도 굴하지 않고 삶의 터전을 일구신 용기와 지혜는 큰 교훈으로 남았다. 지금도 가끔씩 자서전을 펴서 하늘에 계신 아버지와 말 없는 대화를 나눈다. 그리고 별세하시기 직전의 제사에서 조상님께 드리는 축원문을 직접 쓰셨다. 이제는 내가 제사가 돌아오면 아버지께서 남기신 축원문을 읽으며 명복을 빈다. 모두가 남겨주신 소중한 유산이다.

삶은 누구에게나 힘들고 어렵게 마련이지만 또한 보람 있고 기쁜 순간들이 교차한다. 부모님은 이 과정에서 언제나 자식을 올바른 방향으로 이끄는 인생의 나침반이자 평생의 멘토이다. 우리 모두가 부모님으로부터 세상을 대하는 통찰, 삶을 대하는 용기와 지혜라는 소중한 유산을 물려받았다.

부모님이 연로해지실수록 다음을 기약하기 어렵다. 부모님은 기다려주시지 않는다. 자녀들과 이야기하실 수 있을 때 한마디라도 나누어야 한다. 그리고 가능하시다면 정신이 맑으실 때 간단한 글이나 녹음이라도 미리 남기시도록 말씀을 드려 나중에라도 후손들이 생생한 교훈을 얻을 수 있기를 권한다.

6장

—

마흔의 일상을
눈부시게 살자

작은 행복감을
자주 느끼자

"아는 것이 병이다. 모르는 게 약이다"라는 속담이 있다. 알면 머리가 복잡해지고 차라리 모르고 지내야 편하다는 세상살이의 역설적 측면이 담겨 있다.

이를 현대 소비생활의 관점에서 "보면 괴롭다. 안 보면 편하다"로 패러디할 수 있다. 보면 사고 싶고, 사고 싶은데 돈은 부족하니 괴롭고, 차라리 안 봐야 편하다는 의미이다.

10여 년 전 방글라데시가 행복지수 1위라는 기사가 주목을 받았다. 세계 최빈국이라는 빈곤에도 불구하고 행복을 느끼는 사람들이 많다는 것은 행복은 경제적 풍요와는 거리가 멀다는 것을 보여주는 증거라는 주장이었다. 반면 우리나라는 "풍요 속의 빈곤"이라고, 밥은 먹고살지만 불행하다는 그런 논리었다.

하지만 완전한 가짜뉴스였다. 세계여행을 다루는 TV 프로그램이 빈곤국을 다루면서 아름다운 자연풍경에 '어려운 가운데 그래도 희망을 잃지 않고 행복하게 사는 순박한 사람들의 모습'을 오버랩한다. 그리고 '이렇게 가난하지만 행복하게 살고 있는 사람들에게서, 비록 물질적으로 풍요하지만 천박하고 불행한 우리 사회는 반성해야 한다'라는 상투적 접근이 뒤따른다. 프로그램을 만드는 PD와 작가들의 감성팔이 마케팅 유형이다. 아마 이들도 막상 가서 행복하게 살라고 하면 단연코 거절할 것이다.

흔히 그런 근거로 드는 빈곤국의 사례는 '무지에서 오는 행복'일 수도 있다. 최소한 생계 걱정을 벗어난 수준의 물질적 여유는 행복의 기본조건이라는 점을 인정해야 한다. 경제적 여건이 행복과 직결되지는 않지만, 그렇다고 경제적 기초 조건 없이 행복하기도 어려운 일이다.

행복은 극히 개인적 감정이다. 객관적으로 행복의 조건을 갖추고도 극도의 비탄에 빠질 수 있고, 반대로 불행의 여건에서도 희망으로 행복한 하루를 보낼 수 있다. 그리고 상대적 기준도 행복감에 영향을 미친다.

1960년대 남태평양의 섬에서 여인들은 풍만한 몸매를 아름답다고 여겼다. 그런데 TV가 보급되면서 화면 속에 나오는 여성 출연자의 마르고 날씬한 체형을 접하다 보니 아름다움의 기준이 바뀌어버렸다. 과거 풍만한 몸매에 자부심을 느끼던 여인들의 행복감이 떨어지는 것은 당연하다.

물질적으로 풍요해질수록 행복감은 떨어지는 역설이 생겨나고, 행복을 표방한 행복 마케팅도 나타난다. 모두 가난한 시절에는 굶지 않고 지붕이 있는 집에서 잠자기만 해도 고맙게 생각했는데, 빈곤을 탈피하고 보는 것이 많으면 가지고 싶은 것도 많아지고 상대적 결핍감도 커진다. 눈이 높아지니 몸이 괴로운 현상이다. 그러나 '인간의 욕구는 무한하고 자원은 유한하다'는 경제적 법칙은 불변이다.

2000년대부터 '작은 사치small indulgence' '집중 소비' '소확행' 등의 현상이 나타나는 배경이다. 보는 것은 많고 돈은 한계가 있으니 접근 가능한 작은 부분에 집중해서 지출하고 행복감을 느끼는 소비 트렌드이다. 고급 스테이크는 부담스러우니 고급 케이크 한 조각을 먹거나, 고급 가방을 사지는 못하지만 명품 브랜드의

립스틱을 바르면서 만족감을 느끼는 소비 형태이다. 또한 해외 여행에서도 저가 항공에 저렴한 호텔을 이용해서 절약한 돈으로 식사만큼은 현지의 맛집을 순례하는 패턴들이다.

이러한 트렌드는 소비뿐만 아니라 삶의 방식에서도 적용할 수 있다. 작은 행복감과 만족감을 느끼는 영역을 찾아서 여유를 찾는다. 취미, 종교, 모임 등에서 커피, 차, 술, 요리 등 무엇이든 개인의 취향에 부합하면 충분하다. 타인을 의식할 필요 없이 매개체를 통해서 자신이 느끼는 만족감이 가장 중요하다.

소확행을 최근의 트렌드라고 하지만 어차피 중년에 접어들면 나를 흥분시키는 자극과 즐거움은 줄어든다. 나이 든다고 한탄할 일이 아니라 자연스럽게 변해가는 것이다.

일상에서 소소한 즐거움과 편안함을 느낄 수 있는 기제를 자주 가지는 것이 건강한 심신에 도움이 된다. 혹 열정을 쏟아붓는 대상이 있으면 경제적 여건과 신체적 능력에 무리가 가지 않는 선에서 몰입하면 된다.

소확행에서 술과 커피는 좋은 대상이다. 우리나라의 음주문화는 폭탄주가 상징하듯 지나치게 전투적이고 경쟁적이다. 하지만 과하지 않고 절제된 음주는 삶의 큰 즐거움이 될 수 있다. 인류의 역사와 함께 각지에서 발달된 다종다양한 술만큼 미각의 폭넓은 스펙트럼에 부합하는 아이템도 없을 것이다. 또한 커피도 마찬가지이다.

하지만 나는 술과 커피를 마시지 않는다. 어떠한 종교적 도덕적 동기도 없고 다만 체질에 맞지 않아서이다. 오히려 미각의 가장 섬세한 부분과 만나는 심오한 술과 커피의 경지에 접근하지 못함이 아쉬울 따름이다.

돌이켜보면 나의 소확행은 아이들과 신나게 노는 것이었다. 아이들이 유치원·초등학교 시절에 놀이터에 가고, 배드민턴을 치는 등 함께하는 시간은 언제나 행복했다. 하지만 중학교에 가면서 슬슬 멀어지더니 고등학교에 가면서는 별로 같이 다니려 하지 않는다.

빌 클린턴 시절 노동부 장관을 지냈던 로버트 라이시Robert Reich는 아이들과 시간을 함께하기 위해 공직을 그만두었다. 그런데 그가 막상 집에 돌아와보니 이미 사춘기를 지난 아이들이 더 이상 아버지와 같이 놀지 않으려 해서 당혹했다는 이야기가 남의 일이 아니었다.

소환행도 시간의 흐름에 따라 변하는 것이다. 현재의 소환행은 오디오와 음악 위주이다. 무리하지 않는 선에서 기기를 바꾸고 변화된 소리를 들어보는 기대감, 시행착오를 거치는 과정도 즐거움이다. 음반을 사면서 작곡가와 연주자에 대한 콘텐츠를 접하는 것도 마찬가지이다.

마흔부터 취미는
친구가 된다

누구나 좋아하는 것이 있기 마련이다. 어릴 때는 취향이랄 것도 없다가 사춘기 무렵부터 형성되기 시작한다. 20대까지는 취향이 있어도 돈이 없으니 두드러지지 않지만 30대 후반부터는 분명해진다.

탁구-테니스-골프 등 야외활동, 여행-사진-낚시 등 레저, 그림-악기-영화-연극 등 문화적 취미이다. 어린 남자아이가 장난감 가게에서 총과 자동차에 관심을 보이고, 어린 여자아이가 인형을 집어들듯이 본능에 기반한 선천적 성향에 후천적 개성이 결부되어 그야말로 각양각색이다.

또한 취향은 나이가 들면서 변하고 의미도 달라진다. 대략 젊은 시절에는 남과 경쟁해서 승부를 보는 구조에 끌린다. 개인과 팀 단위의 게임에서 이기고 지는 결과에 흥미를 가지고 노력한다. 축구, 야구, 테니스 등 오프라인 게임은 물론 다양한 온라인 게임들도 이러한 범위에 속한다.

중년에 접어들면 자신을 이기는 구조로 변화하는 경우가 많다. 마라톤, 등산, 낚시, 악기 등이다. 여기에도 남과 경쟁하는 구조가 있지만 자신과의 싸움, 자신에 대한 극복으로 중심이 이동한다.

노년에 들어서면 남을 키우는 개념이 강해진다. 원예, 반려동물, 종교와 봉사 등이다. 물론 일반화하기는 무리이고 큰 흐름이 그렇다는 의미이다. 예를 들어 골프도 젊은 시절에는 열심히 연습하고 스코어에 신경 쓰면서 남을 이기는 것에 집중하지만 중년 이후가 되면 무리 없이 플레이하고 자신의 평균타수 대비 당일의 스코어에 만족하게 된다. 골프라는 운동은 동일하지만 젊어서의 남과의 경쟁은 중년에는 나 자신의 극복으로 전환되는 셈이다. 사실 나이 들어서 골프를 치면서 동반자와의 승패에 연연하는 모습도 꼴불견이다.

40대는 취미활동도 왕성한 시기이다. 40대의 취미는 분주한 나날의 휴식을 주고, 50대 이후의 친구를 만들어가는 의미가 있다. 세월이 흐르면 친구도 가족도 의미가 달라진다. 아이들이 성장하면 곁을 떠나고, 배우자도 좋은 의미에서도 거리가 생긴다.

나이가 들수록 취미는 언제나 나의 곁에서 함께하는 친구가 된다. 특히 혼자 할 수 있는 취미가 중요하다. 언제나 어디서나 내가 편하게 즐길 수 있기 때문이다. 상대가 필요하고 사람이 모여야 되면 이 또한 번거로운 일이다.

또한 취미도 한 분야를 깊이 파고들 필요가 있다. 세상만사가 통하기 때문에 좋아하는 특정분야에서 체득한 지식과 경험이 통찰력을 높여주기 때문이다. 그리고 사회생활에서도 긍정적 의미가 있다.

흔히 인생에 비유하는 바둑을 잘 두는 사람은 현실을 보는 호흡이 길다는 느낌을 받는다. 영화, 만화는 풍부한 상상력에 기발한 아이디어의 원천이 된다. 그림과 미술사를 꾸준히 접하면 변천하는 패션과 디자인의 트렌드를 이해하고 남보다 앞서서 기회를 포착한다.

개인적 취미가 있다면, 어떤 분야든지 깊이 있게 이해하고, 나름의 체계를 만들어보기 바란다. 이 과정에서 얻는 것이 많을 것이다. 비록 취미이지만 한 부분에 정통해진다는 것은 곧 다른 부분에 정통해질 능력을 키우는 것이다.

    나는 오디오파일(audiophile, 오디오 애호가)이다. 어릴 때부터 음악을 자연스럽게 접했고, 오디오를 자주 바꾸시는 부친 덕분에 다양한 소리를 들으면서 귀가 민감해지고 취미도 생겼다. 오디오는 돈에 비례하지 않기에 취미가 된다.

    오디오는 큰돈이 필요하고 자주 바꾸어야 하는 고비용 취미라는 선입관이 있다. 물론 수십만 원짜리 오디오보다 수천만 원짜리가 좋은 소리를 낼 가능성은 높지만 꼭 돈과 성능이 비례하지 않아서 매력이다.

    실제로 수천만 원의 고급 오디오의 소리가 수백만 원대 중급 오디오와 막상막하이거나 앰프와 스피커의 상호조합에 따른 변수도 많다. 와인을 블라인드 테스트했더니 상당히 조예가 깊다는 사람들조차 수백만 원의 최고급 와인과 몇만 원짜리 평범한 와인을 실제로는 분간하지 못했다는 이야기처럼 감각의 세계인 오디오도 조합에 따라 의외로 다양한 양상이 나타난다.

    처음에 산뜻하고 매력적이어서 집에 들여놓았는데, 자꾸 들을수록 너무 기름기가 흐르고 부담스러운 소리가 있고, 반대로 처음에는 수더분해서 큰 매력을 못 느꼈는데 오래 들을수록 편해지는 소리가 있다.

세상 살면서 사람간의 만남과도 비슷하다. 또한 일정 수준이 지나면 추구하는 방향이 각자 다르게 나타난다. 같은 섬세한 성향의 소리라도 소위 '빈티지'라고 하는 50~60년 전의 골동품으로 추구하는 경우가 있고, 아니면 최신형 기기로 구현하는 등 접근이 다양하다.

오디오를 접하면서 완전무결한 팔방미인은 없다는 이치를 깨달았다. 아무리 돈을 들여도 섬세하고도 박력 있는 소리를 동시에 잘 내는 기기는 없다. 클래식의 현악기를 재생하는 섬세하고 부드러운 영역에서 발군의 실력을 보이면, 팝과 메탈의 비트에서는 맥을 추지 못한다. 반대로 비트가 강렬하면 섬세함은 필연적으로 한계를 보인다.

오디오가 평생의 취미셨던 부친께서는 자서전에 평생 사용해 보신 앰프, 스피커 종류들을 모델 번호까지 꼼꼼하게 기록하실 정도로 열정을 가지셨다. 중고 기기를 주로 거래하셨던 경험으로 터득하신 노하우를 말씀하신 내용이다. 삶의 지혜가 압축되어 있는 조언이다.

첫째, 일정한 테스트 과정을 거친 뒤 신뢰할 만한 사람이라고 판단되면 믿고 거래하라. 자꾸 여기저기 기웃거려봐야 실익도 없고 몸만 고단하다.

둘째, 취미로 하는 사람이 직업으로 하는 사람 못 이긴다. 오디오 가게 주인 앞에서 어쭙잖게 아는 척하지 마라. 아마추어가 프로에게 배우려 해야 많은 것을 솔직하게 이야기를 해준다.

셋째, 물건을 싸게 사려 하지 마라. 무조건 싼 물건만 찾으면 결국 비지떡만 건진다. 적절한 가격을 기준으로 오히려 약간 후하게 지불해야 좋은 물건과 인연을 맺는다.

스트레스를 견디는
루틴을 만들자

1989년 신입사원 시절이다. 부서의 직속상관은 경력사원으로 입사하신 분이었다. 남들이 선망하는 회사에서 이직하신 동기를 물어보자 이렇게 대답했다. "부서장과 임원이 잇따라 과로사 하니 떠나야겠다는 생각이 들었다. 당분간 상황이 호전될 가능성은 낮고 이대로 있다가는 나도 문제가 생길 듯했다."

그래서 내가 다시 물었다. "죽을 것 같으면 일을 그만하지 왜 계속 일하다가 죽습니까?" 그의 답변이 돌아왔다. "과로사는 일하다가 발생하지 않더라. 한두 달을 제대로 퇴근도 못할 정도로 격무에 시달리다가 오랜만에 한숨 돌리고 집에 가서 목욕하고 자다가 그대로 세상을 떠나는 식이다."

과로사는 스트레스 등으로 피로감을 느끼지 못하고 일종의 흥분 상태가 지속되다가 일순간에 생겨난다. 계속 일하면 죽는다는 사실을 알 정도로 피로하면 누구나 그만둘 것이다. 심신의 스트레스가 극도로 누적되면 본인은 느끼지 못하고 있다가 긴장이 풀어지면서 변고가 생긴다. 과로사도 자각증상이 없거나 약하기 때문에 발생한다.

1993년 8월, 정부는 금융실명제를 전격 발표했다. 다음날 주가는 전 종목 하한가를 기록하며 폭락했다. 다음날도 주가는 폭락이었다. 금융실명제는 나에게 잊을 수 없는 기억과 아픔을 남기면서 이렇게 도입되었다. 나는 당시 증권회사 지점에서 근무하고 있었다. 증권사 영업사원들은 내 말의 의미를 알 것이다.

지점은 그야말로 지옥이 되었다. 주가폭락에 따른 고객의 항의, 내가 맡은 고객에 대한 부담감 등이 겹치면서 불면으로 며칠씩 밤을 새우고, 멍한 상태로 출근해서 악전고투하는 날들이 이어졌다. 출구 없는 암흑이라고 느끼며 심신이 황폐해져갔다.

이때 산전수전 겪으신 상사분이 나에게 권투체육관을 같이 다니자고 권유하셨다. 농담이 아닌 진지한 권유였다.

"지금 상태로는 심리적으로 무너지면서 견디지 못한다. 앉아서 고민하지 말고 일단 몸을 움직여라. 권투는 치열한 운동이다. 운동하면 기분이 좋아진다. 일단 같이 가보자."

그 길로 두말 않고 따라간 권투도장을 3개월 다녔다. 첫날 땀범벅이 되어 펀치를 날리면서 정신이 맑아짐을 느꼈고, 그날 밤에 잠을 잘 수 있었다. 시간이 지나고 보니 나도 일종의 과로사 위기를 넘긴 셈이었다.

스트레스 자체는 자연적인 현상이다. 일상생활에서 위험에 직면하면 심리적 압박감을 느끼게 되고, 이때 긴장도가 높아지면 대처 능력이 향상되기 때문이다. 무엇이든 균형이 문제이듯이 스트레스도 과다하면 심신을 해친다. 특히 현대인의 생활은 과도한 스트레스에 항시 노출되어 있다.

호모 사피엔스는 지능이 발달하고 감정이 풍부해지면서 가만히 있어도 불안감과 결핍감을 느끼도록 진화되어왔다. 의식주가 해결되니 행복하지 않다고 스트레스를 받는 식이다.

하지만 스트레스는 발전의 원동력이기도 하다. 결핍감과 불안감이라는 존재의 근본적 속성의 해결책을 찾는 과정에서 문명이 발전하기 때문이다.

문제는 현대인이 보는 것이 많고 접하는 영역이 넓어지면서 개인적 차원의 스트레스 요인이 급증했다는 점이다. 예컨대 인터넷상의 댓글과 비방은 과거에는 찾아볼 수 없었던 스트레스 사항이다.

자연적인 현상인 스트레스의 수용과 조절은 별도의 차원이다. 스트레스 발생 자체는 수용하더라도 동시에 적절히 조절되지 않으면 심신의 한계에 부딪힌다. 젊은 시절에는 체력으로 버틸 수 있지만 마흔 무렵부터는 스트레스의 강도가 올라가고 체력은 떨어지는 상황이 된다. 그래서 각자 나름대로 자신에게 위험신호를 보내는 자각증세를 이해하고 견디고 조절하는 루틴을 만들어야 한다.

경험적으로 스트레스의 자각증상은 공통적인 부분과 개별적인 부분이 있다. '불면'은 공통적이다. 잠들기가 어렵고, 오래 자지 못하고, 자고 일어나도 몸이 개운하지 않은 상태가 지속되어 하루 종일 멍하다. 개별적으로는 각자 신체 상태에 따라 증세가 나타난다.

나의 경우는 선천적으로 약한 위장에서 문제가 생긴다. 그래서 불면과 위통이 겹치면 위험신호로 해석한다. 기타 지인들을 보면 편두통, 피부염, 치통, 알레르기 등 체질에 따라 다양한 양상이다.

스트레스는 사실 답이 없다. 생물은 존재 자체가 일종의 스트레스 요인이다. 하물며 호모 사피엔스가 복잡한 현대 사회에서 직업을 가지고 살아가는 데 스트레스는 당연하다.

모든 것을 훌훌 털고 자연으로 돌아가면 스트레스가 없어지는 것도 아니다. 다른 스트레스가 생겨난다. 그래서 각자 체질에 따라 스트레스 증상이 다양하게 나타나듯이 나름대로 스트레스를 완화하는 루틴을 형성하고 조절해야 한다.

나의 경우 스트레스가 일정 수준을 넘어선다고 생각하면 일단 몸을 움직인다. 가벼운 등산과 산책으로 몸을 데우고 땀을 충분히 낸다. 뜨거운 물에 목욕을 한 후 방에서 좋아하는 음악을 틀어놓고 가벼운 읽을거리를 보다가 잔다. 등산이나 산책도 혼자 한다. 누군가와 만나느라 시간을 맞추고 동행하면서 이야기하는 것도 스트레스 요인이다.

사람에 따라서는 스트레스가 쌓이면 사람을 만나서 이야기하고 밥을 먹고 술을 마시면서 푼다고 하는데, 나의 경우는 그렇지 않다. 오히려 업무 관련 등 꼭 필요한 경우가 아니면 사람을 만나지 않는다. 내가 편하지 않은 상태에서 사람을 만나면 나도 모르게 상대를 불편하게 할 수도 있기 때문이다.

스트레스를 푸는 방법은 보편적 정답이 있을 수 없다. 각자에게 각자의 답이 있을 뿐이다. 다만 스트레스를 완화시키는 루틴이 있다면 훨씬 효과적으로 조절할 수 있다.

쉬는 것도 투자,
참는 것도 발전이다

제1차 세계대전은 독일의 패전으로 끝났다. 1919년 체결된 베르사유 조약으로 독일군은 기관총, 전차, 군용기 등을 보유하지 못하고 총원은 경무장 10만 명으로 제한되었다. 하지만 1939년 9월 폴란드 침공으로 제2차 세계대전을 시작했고, 이듬해 5월 프랑스로 진격해 한 달 만에 항복을 받았다.

히틀러가 재군비를 천명한 1935년 이후 4년이라는 단기간 안에 독일군은 중무장한 300만 대군으로 변모했다. 한스 폰 젝트 Hans von Seeckt 장군은 성공적 재편을 주도했다. 나치 독일의 침략과 만행은 결코 정당화될 수 없다. 하지만 독일 국방군의 변화는 경이적이었다.

젝트는 제1차 세계대전이 끝난 직후인 1919년 7월 간판만 남아 있는 독일군의 육군 참모총장에 취임했다. 그는 군대를 소수정예화시키고 유능한 지휘관을 양성했다. 향후 육상전에서 기갑부대의 중요성이 높아질 것으로 판단하고 전술적 교리도 발전시켜 후일 전격전blitzkrieg의 기초가 되었다.

젝트 장군은 장병을 4가지 유형으로 분류했다. 첫째, 똑똑하고 부지런한 인간(똑부)은 참모로 적당하다. 조직에서 가장 필요한 인재다. 둘째, 똑똑한데 게으른 인간(똑게)은 지휘관에 적합하다. 지휘관은 전쟁터에서 부지런해야지 평소 부지런하면 부하들이 힘들다. 셋째, 멍청하고 게으른 인간(멍게)은 시키는 일은 잘 하니 사병으로 적당하다. 넷째, 멍청한 데다 부지런한 인간(멍부)은 작전을 망치고 동료까지 죽일 수 있으니 즉시 총살시키는 것이 좋다.

'똑부, 똑게, 멍게, 멍부'의 비유는 익히 알고 있었지만 출처는 최근에 알았다. 이는 조직 운영과 조직 내 역할 분담에서도 시사점을 주지만 개인적 삶의 관점에서도 의미가 깊다. 누구에게나 자신의 삶에서 지휘관은 자기 자신이다. 따라서 똑똑하고 게으른 똑게가 바람직하다고 해석한다.

일단 멍청하고 게으른 멍게는 삶도 피동적일 수밖에 없다. 그저 주어진 환경에서 시키는 일이나 하고 입에 풀칠이나 하는 정도일 것이다. 멍청하고 부지런한 멍부는 몸만 피곤하고 실제로 되는 일은 없으니 최악이다. 똑똑하고 부지런한 똑부는 기본 이상은 된다고 본다. 하지만 오래 갈수록 피로감이 쌓이고 효과도 적다. 똑똑하고 게으른 똑게는 완급조절이 되니 피로감이 적고 결정적 순간에 에너지를 집중하니 효과도 높다.

인생은 단거리 스프린트가 아니라 장거리 마라톤이 단계별로 이어지는 과정이다. 젝트 장군이 똑똑하고 게으른 지휘관이 바람직하다는 관점은 평시에는 똑똑한 머리로 생각하고 몸은 게으르면서 쌓은 내공을 전쟁터에서 스마트하고 날째게 움직이고 발휘한다는 의미이다.

삶의 요체는 완급조절에 있다. 무작정 부지런하게 움직인다고 결실이 있는 것이 아니라 움직일 때 움직이고 쉬어갈 때 멈추어야 한다. 먼 길에서는 때때로 쉬어가는 나그네가 멀리 가는 법이다.

나무는 봄, 여름, 가을, 겨울을 거치면서 살아나간다. 나무가 사

시사철 열심히 싹을 틔우고 열매를 맺으려 하면 겨울에 얼어죽기 십상이다. 봄에 싹을 틔우고 여름에 열매를 키워서 가을에 결실을 맺고 겨울에는 앙상한 상태로 견뎌야 한다. 또 봄이 와서 싹을 틔우고 꽃을 피워야 하는 시기에, 추운 겨울을 생각하고 계속 움츠리는 나무는 성장의 계절인 여름을 헛되이 보내고 가을에 아무런 결과를 얻지 못한다.

젊은 시절 증권회사 지점에서 영업을 하면서 "쉬는 것도 투자다"라는 증권가 격언을 실감했다. 객장을 드나드는 하수들은 끊임없이 종목을 발굴하고 서로 이야기하면서 쉴새 없이 사고판다. 이익이 나기도 손실을 보기도 하지만 큰 수익을 내지 못한, 매일매일 분주하지만 손에 쥐는 것은 별로 없다.

반면 고수들은 조용히 시황을 지켜보다가 판단이 서면 매입한다. 판단의 전제가 흔들리지 않는 한 단기적 등락에 일희일비하지 않고 열매가 숙성되듯이 기다린다. 적절하다고 판단되는 시점에 주식을 매도하고 다시 조용히 시황을 지켜본다. 1년에 주식의 매도 매입이 3~4번을 넘지 않는다. 야생에서 초식동물은 쉬지 않고 풀을 뜯어먹고, 육식동물은 조용히 있다가 결정적 순간에 사냥하는 것과 비슷하다.

동양학자 조용헌은 비교적 젊은 나이에 사주, 관상, 풍수를 공부해 일정 수준에 이르렀고 신문잡지 기고, 책 출간도 활발해 대중성도 확보했다. 그는 타고난 운명과 조응해서 완급을 조절하며 살기를 권한다. 조용히 살아야 하는 시기에는 독서를 추천한다.

> 독서는 역사적으로 뛰어난 인물들과 대화를 나누는 일이다. 운이 나쁠 때는 밖에 나가지 말아야 한다. 운이 좋지 않을 때 밖에 나가면 대부분 재수 없는 사람을 만나기 쉽다. 운이 좋을 때는 길바닥에서도 자기를 도와주는 사람을 만나지만 운이 좋지 않을 때는 만나는 사람마다 사기꾼이기 쉽다. 이때는 집 밖을 나가지 말아야 한다. 집에서 독서나 하면서 시간을 보내는 것이 좋다.

마흔 무렵을 계절에 비유하면 초여름이다. 인생에서 가장 바쁘고 분주하며 성장하고 발전한다. 하지만 완급 조절도 필요한 시기이다. 때때로 쉬는 것도 투자이고, 참는 것도 발전이다. 인생은 마라톤이 연속되는 기나긴 여행이다. 언제나 몸이 부지런한 초식동물보다는 항상 머리는 부지런하되 몸은 결정적 순간에 움직이는 육식동물의 행동방식을 벤치마킹할 필요가 있다.

마흔이 되면 건강도
한계를 인정하자

기독교 재단에서 설립한 고등학교를 다녔다. 전교 조회 시간에 가끔 목사님을 모셔서 설교를 듣고, 1주일에 한 시간씩 성경 시간이 있었다. 고등학생 입장에서 교목께서 진행하시는 성경 시간은 교과서와 시험이 없는 만만한 수업이었다. 철없는 고등학생을 상대로 교목께서도 부담 없이 진행하셨다. 찬송가 1~2곡을 부르면서 시작해 성경 구절을 소개하고 설명하는 방식이었다.

구구절절 이야기해봐야 효과가 없다고 생각하신 교목께서는 메시지를 단순화하셨다. 시작과 마무리는 항상 같았다. "여러분, 사람은 세상에 올 때는 순서가 있어도 갈 때는 순서가 없습니다.

오직 하나님만이 순서를 정하십니다. 그러니 교회에 나가십시오."

매번 똑같은 말을 반복하니 오히려 코믹한 느낌이 들 정도였고, 교목 흉내는 장난기가 발동한 학생들의 단골메뉴였다. 하지만 2년 동안 줄기차게 듣다보니 기억하지 않을 도리가 없었다. 목사님 권유대로 교회에 나가지는 않았지만 "올 때는 순서가 있어도 갈 때는 순서가 없다"는 말씀은 마음에 뚜렷이 새겨졌다.

세상을 살아보니 인생에서 가장 중요한 것은 내가 결정할 수 없다. 건강과 목숨이 그렇다. 내가 결정하는 학교, 직업, 배우자, 재산 등은 모두 건강과 목숨이 전제되어야 의미가 있다. 이런 맥락에서 나이가 들면서 삶에서 3가지만 확보되면 나머지는 덤이라는 생각이 든다. '건강하게 평균수명을 산다. 남의 도움 없이 내 힘으로 먹고산다. 가족이 태어난 순서대로 세상을 떠난다.'

모두 내 마음대로 안 되는 일이다. 하늘에서 3가지만 나에게 허락해도 감사해야 할 것이다. 이 3가지의 기본 전제는 건강이다. 건강해야 내 힘으로 먹고살고, 순서대로 세상을 떠날 수 있다.

젊은 시절에는 50대 중년들이 건강을 화제로 이야기하면 괴리감을 느꼈다. 그 연배에 건강이 관심사임은 이해하면서도 약간

구질구질해 보이는 느낌이었다. 자신이 알아서 건강을 관리하면 그만이지 화제로까지 올릴 정도는 아니라는 느낌이었다. 역시 직접 경험해보지 못한 철없는 생각이었다.

대개 40대 중후반에는 신체적 변곡점이 온다. 30대까지는 음주에 흡연, 과로까지 겹쳐도 며칠 쉬고 나면 금세 회복된다. 그러나 40대 중반이 넘어가면 회복력이 현저히 떨어짐을 몸으로 느끼게 된다. 50대로 접어들면 많은 동년배들이 술을 줄이고 약을 먹기 시작한다. 고혈압약, 고지혈증약, 당뇨병약 등이다. 서로 말은 안 하지만 물어보면 1~2가지 이상은 기본으로 달고 있다. 그리고 급작스럽게 세상을 뜨는 경우를 간간이 접하면서 '인명재천人命在天'을 실감한다.

마흔 무렵부터 건강에 적신호가 오기 시작하는 이유는 내용연수가 다 되었기 때문이다. 원시시대 호모 사피엔스의 수명은 30대 후반부터 40대 초반이다. 1만 년 전에 농경이 시작되면서 식량 조달의 불확실성은 감소되었지만 19세기까지도 60년을 넘지 못했다. 인간의 신체를 구성하는 각종 장기의 자연적 최대 내용 연한은 대략 50년 전후라는 의미이다.

20세기 중반 이후 음식과 의료 등 건강 유지의 기본 조건이 개선되었지만 호모사피엔스 30만 년의 진화 과정에서 확립된 내용 연수는 약간 늘어났을 뿐이다. 그래서 40대에 이르면 외견으로는 젊어 보여도 내부 장기는 고장이 나기 시작한다. 따라서 마흔 무렵부터 건강에 관심을 가져야 50대, 60대의 건강 수준이 높아진다.

막상 만성질환의 증세가 나타나면 치료는 되지만 원상회복은 어렵다. 주변을 관찰해보면 건강을 자신하던 사람들이 오히려 순식간에 무너진다. 적당히 허약하면 여기저기 조금씩 아프니 사전에 대처가 된다. 반면 튼튼할수록 자각증상이 없기 때문에 돌이키기 어려운 상황이 된다.

노년에 세상을 떠나면 '호상好喪'이라고 한다. 아무리 나이가 많아도 가족의 죽음은 남겨진 이들에게 크나큰 슬픔이다. 그러나 자식들이 장성하고 세상에 대한 의무를 다하고 어차피 한 번은 가야 할 길을 떠나기에 좋을 '호好'를 붙이는 것이다. 하지만 한창 아이들이 자라고, 세상에 대한 의무와 역할이 중요한 40~50대의 떠남은 가족의 슬픔이자 비극이다. 이 연령대에는 죽을 권리도 없다.

"인명재천"이라 했다. 그러나 인간이 노력하면 하늘도 조응한다고 생각한다. 마흔 무렵에 접어들면 건강도 한계를 인정해야 한다. 젊은 시절의 체력으로 무한 질주하던 시절이 이제 막을 내림을 받아들여야 한다. 오늘의 습관이 내일의 몸을 만든다. 조심하면서 생활습관을 조금씩 바꾸어야 할 나이가 되었다.

뉴스를 멀리하고
정보를 접하라

최초의 인류가 나타난 500만 년 전부터 동굴생활을 했고 동굴을 나온 시기는 최근 1만 년 전이다. 동굴의 원시인에게 나쁜 뉴스 한 가지는 좋은 뉴스 100가지보다 중요하다. '적과 맹수가 동굴로 들어왔다. 빨리 피하라'는 나쁜 뉴스 하나가, '맛있는 고기를 구웠으니 같이 먹자'는 좋은 뉴스 100가지보다 생존에 결정적이다.

나쁜 뉴스를 듣지 못하면 죽음이지만 좋은 뉴스는 듣지 못해도 생존에 지장은 없기에 '공포 본능'과 '부정 본능'이 발달했다. 21세기 디지털 시대에도 인간의 본성은 동굴에서 살 때와 동일하다. 따라서 현대인들도 뉴스, 특히 극적이고 선정적인 나쁜 뉴스에 민감하게 반응한다.

"언론이 건전한 소식과 합리적인 통계를 내보내도 사람들은 부자의 행태나 끔찍한 재난 같은 센세이셔널한 보도를 찾아냅니다. 언론보다 독자의 두뇌가 나쁜 뉴스를 원하기 때문이죠."

글로벌 베스트셀러인 『팩트풀니스Factfulness』의 공동 저자 안나 로슬링 뢴룬드Anna Rosling Rönnlund의 분석이다. 2018년 빌 게이츠가 미국의 모든 대학 졸업생들에게 선물하면서 화제가 되었고, 오바마도 극찬했던 책이다.

노벨상 수상자, 기업인, 언론인, 정치가 등 엘리트들에게 전 세계 극빈층 비율, 기대 수명, 재해 사망자 수, 예방 접종 등 13개 항목에서 얼마나 나아졌는가를 물었는데, "세계는 더 나빠졌다"라고 응답했다. 하지만 유엔과 세계은행의 공식 통계에 기반한 데이터 분석은 반대로 좋아졌다는 결과였다.

대중의 평균 정답 비율은 16%로서 무작위로 찍어서 33%를 맞춘 침팬지보다 낮았다. 사람들은 세상을 실제보다 더 무섭고 폭력적이며 가망 없는 곳으로 인식했다. 예를 들어 2009년 신종플루로 수천 명이 사망했을 때 언론은 이 뉴스를 대대적으로 보도

했지만 같은 시기 결핵으로 인한 사망자는 6만 3,066명이었다.

뉴스는 미디어를 매개체로 전파된다. 입을 통한 구전口傳, 문자를 적은 문서, 전파를 경유하는 라디오, TV에서 현대의 인터넷으로 발전했다. 그리고 이에 상응하는 제도와 조직이 갖추어진다.

앨빈 토플러는 1990년 『권력이동』에서 "서양 중세의 유일한 제도적 미디어는 교회"라고 평가한다. 매주 사람들이 모여서 성직자의 설교로 정보를 전달받고 서로 소식을 나누는 방식의 미디어였다. 이후 15세기 중반 구텐베르크의 활판인쇄술이 발명되고 인쇄물이 등장하면서 교회가 쇠퇴하고 세속이 강해지는 권력이동이 일어났다.

이후 19세기에 일간신문이 시작되었고, 20세기에는 라디오, TV 등 전파매체가 도입되었다. 미디어의 중심이동은 곧 권력이동이었고, 지금은 글로벌 동영상 플랫폼, SNS로 무게중심이 옮겨가고 있다. 또한 과거에는 정보 자체가 희귀했지만 현대는 정보가 너무 많아서 문제이다. 소위 적절한 정보를 큐레이션해서 소화하지 않으면 정보의 홍수 속에서 미아가 된다.

직장생활을 시작한 이후 나의 주요한 정보 소스는 신문이었다. 아무래도 책은 읽을 수 있는 분량에 한계가 있는 반면 신문은 간결하게 정리된 뉴스와 정보로 트렌드를 따라갈 수 있는 장점이 있다.

20년 이상 여러 개의 신문을 꾸준히 정독했고, 업무로 바빠서 당일 소화할 수 없으면 주말에 몰아서 보았다. 당일에는 대충 중요한 내용만 보고 주말에 1주일치를 보는 방식은 의외로 효과적이었다. 신문 5~6개를 매일 보려면 많은 시간이 필요하지만 1주일치를 한번에 보면 자연히 중요한 뉴스만 보게 되기 때문이다. 며칠 전에는 가장 중요했던 뉴스가 주말에는 의미 없는 경우가 태반이다. 그리고 연예, 스포츠 등의 잡다한 뉴스에 시간을 쓰지 않게 된다.

TV 뉴스는 의식적으로 기피했다. 영상이라는 강한 방식으로 전달하는 정보에 압도되는 부작용이 크다고 본 것이다. TV 뉴스는 영상의 이미지가 있어서 강렬하지만 실제 내용은 별로 없다. 그리고 신문은 읽으면서 자연히 뇌회로가 작동하지만 TV 뉴스를 보면 뇌회로가 정지되고 동화된다.

최근에는 신문을 그다지 읽지 않는다. 부정확한 정보, 변죽을 울리는 의견, 특정 집단의 입장을 무리하게 대변하는 내용이 많아졌다고 느끼기 때문이다. 대신 디지털 뉴미디어에서 동영상, 텍스트를 접하는 시간이 늘어났다. 인터넷을 통해 저렴하고 신속하고 방대하며, 적절한 큐레이션 도구만 활용하면 잡스러운 정보에 시간 낭비하지 않으면서 글로벌 차원의 수준 높은 정보에 얼마든지 접근할 수 있다.

제이크 냅Jake Knapp은 구글 수석 디자이너로서 지메일, 구글엑스 등 핵심 프로젝트를 이끌었다. 최근 발간한 '메이크 타임'에 '뉴스 무시하기'라는 항목이 있다. 뉴스는 대부분 나쁜 소식이다. 분쟁, 부패, 범죄, 인간의 고통에 관한 소식을 기분이나 집중력을 망치지 않고 떨쳐버릴 수 있는 사람은 많지 않다. 하루에 한 번만 읽는 뉴스도 불안을 일으키고 분노를 조장하며 끈질기게 주의를 분산하는 방해꾼이 될 수 있다.

뉴스를 완전히 끊어야 한다는 소리가 아니다. 제이크 냅은 대신 뉴스를 1주일에 한 번만 읽으라고 권한다. 그리고 1주일 단위로 뉴스 사이트를 훑어보고 잡지 1~2개를 읽으면서 흐름을 따라잡고, 심층적으로 알고 싶으면 관련 주제의 팟캐스트, 동영상을 찾아서 들으라고 권한다.

제이크 냅의 의견에 전적으로 동감한다. 알아야 할 뉴스는 어차피 알게 되어 있다. 지금은 동굴 시대가 아니기에 조금 늦게 알아도 지장은 없다. 오히려 스마트폰을 도배하는 뉴스 속보가 생활의 리듬을 깨고 시간 낭비의 요인이 된다.

경험적으로 1주일 단위로 뉴스에 접근해도 충분하다. 흘러가는 뉴스는 흘러가게 두면 된다. 허접한 뉴스는 모르면 모르는 대로 살면 그만이다. 그리고 필요한 정보는 디지털 뉴미디어를 적극 활용하는 방향이 바람직하다고 본다.

7장

마흔 이후,
천천히 서둘러라

빨라지는 시간,
천천히 서둘러라

1981년 고등학교 3학년이 되었다. 3학년 등교 첫날 담임선생님께서 말씀하셨다.

"여러분은 이제 고 3이 되었다. 모두 각자 최선을 다해서 목표한 바를 이루기 바란다. 아직 1년이 남았고 충분히 시간이 있으니 지금부터라도 열심히 공부하면 된다. 앞으로 생활하면서 하루는 길지만 1년은 짧다는 점을 명심하라. 1년 후에 실감하게 될 것이다."

두렵고 불안한 마음으로 책상에 앉아 있는 나에게 특히 "하루는 길지만 1년은 짧다"라는 말이 여운을 남겼다. 실제로 수험생

1년을 지내보니 실감나는 말이었다. 새벽에 학교에 가서 10시가 넘어서 집에 오고, 휴일에도 공부하는 수험생의 하루하루는 길었다. 하지만 기나긴 하루가 모인 1년은 금방 지나갔다.

직장생활을 하면서 선생님의 말씀을 다시 되새기게 되었다. 사회초년생의 직장생활이란 사실 반복되는 잡다한 업무의 연속이다. 바쁘면서도 지루한 나날이었다. 그렇게 시간이 흐르는 와중에 불현듯 정체되어 흐느적거리는 자신을 발견했다.

1년 단위의 시간이 수차례 흘렀지만 별달리 변화가 없었다. 지식의 확충도, 업무적 역량도 특별한 향상이 없이 그냥저냥 출근해서 퇴근 시간 기다리면서 살아가는 무기력한 모습이었다. 순식간에 흘러간 몇 년이 흔적도 없었다는 느낌이 들면서 "하루는 길다. 그러나 1년은 짧다"는 말씀을 다시 기억했다.

그렇다고 다시 고3때처럼 부지런히 살지는 않았다. 다만 하루하루를 대충대충 보내면서 정신차려 보면 1년, 2년이 지나는 상황을 자각하고 타임라인을 설정하는 정도였다. 향후 3개월, 6개월 또는 1년 단위로 설정한 간단한 계획을 염두에 두고 생활하는 방식이다. 삶을 그냥 걸어가는 방식에서 중간중간에 표지판이나 목표 지점을 설정하는 정도로 방향성을 부여하는 수준이었다.

예를 들어 '전화영어를 시작해서 3개월을 지속한다. 특정 잡지를 6개월간 구독한다. 집필할 책의 콘셉트와 목차를 3개월 동안 구상하고 이후 6개월간 원고를 작성한다. 골프 레슨을 3개월간 받는다' 정도이다. 굳이 계획이라고 할 것도 없지만 일정한 시간 단위로 끊어서 미리 할 일을 생각하고 실행하는 방식은 효과적이었다.

그러던 와중에 로마 황제 아우구스투스의 좌우명인 "천천히 서둘러라festina lente"를 접했다. 율리우스 카이사르가 갈리아를 정복하고 내부 혼란을 수습한 후 로마의 본격적 개혁에 나서려다 암살된다. 19세에 카이사르의 공식 후계자로 지명된 후 안토니우스와의 내전에서 승리하고 초대 황제로 41년간 재위한다. 실제로는 권력자로 부상한 19세부터 사망하기까지 58년간을 정치의 중심에서 양아버지 카이사르가 구상한 정치·군사·사회·경제에 걸친 전반적 개혁을 치밀하게 추진해 이후 200년간 지속된 로마의 평화Pax Romana 시대를 연다.

그의 좌우명은 단기적으로는 여유를 가지고 차근차근 정책을 추진하되 장기적 방향과 목적에서는 일관성을 유지하고 서둘러야 한다는 의미이다.

나는 "천천히 서둘러라"를 '하루를 천천히 보내고 1년은 서두르면서 보낸다'로 해석하고, 하루를 한 걸음으로 생각해서 천천히 차근차근 걷고, 6개월~1년 단위의 과세를 설징해 일관된 방향성을 유지하는 방식으로 적용했다. 이는 상당히 효과적이었다.

나이가 들수록 시간은 빨리 간다. 시속으로 10대는 10km, 40대는 40km, 60대는 60km로 달린다는 비유는 매우 공감이 간다. 40~50대의 1년은 아동기의 1개월처럼 지나간다. 어린 시절에는 관심의 폭이 좁지만 나이가 들면 신경 써야 할 분야가 넓어지기 때문이다.

속도가 빠른 자동차가 자칫하면 방향이 흔들리듯이 나이가 들수록 방향감각을 유지해야 한다. 그렇지 않으면 하루는 분주하고 길게 지나가는데, 1년은 의미 없이 순식간에 지나갈 수 있다.

특히 40대의 1년은 다른 연령대보다 훨씬 중요한 시기이다. 30대까지 준비 기간에서 축적된 역량이 분출하기 때문이다. 그리고 50대 후반부터는 40대의 관성으로 흘러가는 시기라고 본다. 40대에 천천히 서둘러라.

시간을
생산해야 한다

초등학교 수업 시간에 "우리나라는 국토가 좁고 인구는 많다. 인구 밀도가 세계에서 가장 높다"는 내용을 귀에 못이 박히게 들었다. 어린 마음에도 국토는 좁고 사람은 많고 자원은 없고, 그나마 남북은 분단되어 있고 참 어렵구나, 내가 어른이 되어서도 살아가기가 쉽지 않겠다는 생각이 들었던 기억이 난다.

지금 돌이켜보면 국토는 그대로이고 인구는 1970년 3천만 명에서 현재 5천만 명으로 늘었다. 그러나 성공적인 산업화로 경제적으로 풍요로워졌고 전체적인 삶의 질도 높아졌다. 1970년에 농가 인구가 1,400만 명으로 전체 인구의 절반가량이 농사를 지어도 입에 풀칠하기가 어려웠는데, 2017년에는 250만 명(5%)으로 줄어들어도 너무 많이 먹어서 사회문제인 구조로 바뀌었다. 모든 것은 사람 하기 나름이다.

국토는 그대로이니 인구 밀도가 높아졌는데, 교통이 좋아지고 살기가 쾌적해졌다. 자연적으로 형성된 토지의 면적은 불변이지만 실질적으로 사용하는 토지의 공급은 정부가 한다. 인구 밀도가 높다고 하지만 전국 각지에 사람 살지 않는 곳이 많고, 정부는 용도를 변경해서 필요한 땅을 공급한다.

개인에게는 시간이 마찬가지 개념이다. 누구에게나 하루에 24시간이 주어진다. 수명이 길수록 총량은 늘어나겠지만 1일, 1개월, 1년 등 일정 기간 범위에서의 시간 자원은 불변이다. 이렇듯 균등하게 주어지는 시간이지만 개인이 보내는 시간의 밀도에 따라 격차는 크다.

빈둥거리면서 보내는 1년과 열심히 노력하는 1년은 밀도와 성취도에서 비교가 되지 않는다. 시간의 밀도가 질적 측면이라면 용도 변경을 통한 공급량 증가는 양적 측면이다. 하루 24시간, 1주일 168시간의 재배분을 통해 효율성을 높이는 방식이다. 흔히 남는 시간을 잘 보내야 되겠다고 생각하지만 남는 시간은 없다. 마치 충분히 쓰고 남는 돈을 저축하는 방식으로는 돈이 모이지 않는 것과 마찬가지이다.

저축은 수입에서 일정 금액을 사전에 덜어내어 모으고 나머지로 생활해야 목돈이 모인다. 시간도 필요한 만큼을 용도 변경해서 의미 있는 시간을 생산해야 한다.

나의 경우는 1일 단위에서 목록To-Do-List을 활용하고 1주일 단위로 시간을 관리한다. 일과 중에 생겨나는 자투리 시간을 적절히 활용해 전체적 효율성을 높인다. 나의 To Do List는 다음과 같다.

첫째, 전날 저녁이나 아침에 당일의 리스트를 만든다. 그냥 백지에 손으로 쓰면 충분하다.

둘째, 회사 업무와 개인 업무로 구분하고 다시 중요도와 시급도로 구분한다.

셋째, 지인 전화, 안부 메일 송부 등 사소한 일도 모두 표시한다.

넷째, 중요하고 시급한 일에 우선 집중한다.

다섯째, 시급하지만 사소한 일은 여러 가지를 단시간에 집중해서 처리한다.

여섯째, 책상에 두고 처리할 때마다 리스트에서 지워나간다.

일곱째, 저녁에 확인하고 미처리 항목은 다음날 리스트에 다시 적는다.

1주일 시간표는 주초에 리스트를 만들고 시간을 배정하는 이 외에는 To Do List와 동일하다. 1주일 시간표에 기반해 당일 To Do List를 작성한다. 미팅에서 대기하는 10분, 택시나 전철로 이동하는 30분 등 일과 중에 약간씩 생겨나는 자투리 시간을 이용해 소소한 일들을 처리하거나 떠오르는 아이디어를 메모한다. 간단한 방식으로도 하루에 사용하는 시간의 효율성이 상당히 높아진다.

무의미한 하루가 되지 않으려면, 나름대로 시간 계획을 세우고 이를 실천해야 한다. 한 달, 두 달 한다고 변화가 당장 보이지는 않을 것이다. 그러나 1년, 2년이 지나면 분명히 차이가 난다. 그리고 하루의 시간 계획을 세우기 시작하면 시간의 소중함을 매일 느끼게 된다. 바쁘게 허둥댄다고 많은 일을 하는 것은 아니다.

칼럼 준비, 책 집필이나 특정한 주제의 학습 등은 별도의 시간을 만들어야 한다. 이는 주말 시간을 활용했다. 2003년 7월에 처음으로 책을 출간했다. 이후 1년에 한 권 정도로 현재까지 15권을 출간했다. 직장생활을 하면서 집필할 시간을 내기가 쉽지 않았지만 주말을 활용해 시간을 확보했다. 인터넷 서점 예스 24의 '채널 예스'와 진행한 2005년 12월 인터뷰 내용을 소개한다.

회사원의 주말은 대개 비슷하다. 늦잠을 자고, 소파에 누워 텔레비전 채널을 이리저리 돌리다가 배가 고프면 대충 밥을 차려 먹는다. 그리고 집을 나서, 할인매장이나 백화점에서 쇼핑을 하고 점심을 먹고 집에 돌아오면 3시. 낮잠이라도 자고 나면 어느새 저녁이다. 이때가 되면, 내일 또 회사에 가야 되기 때문에 슬슬 짜증이 나기 시작한다. "저 역시 그랬어요. 뭐 다를 것이 있겠습니까? 그러다가 공병호 박사의 『주말 경쟁력을 높여라』를 읽고 나서 주말 시간을 다른 식으로 활용하기 시작했습니다."

쉬는 날 오히려 더 일찍 일어난다. 평소에 7시에 일어난다면 주말에는 6시쯤 기상해서 3~4시간 동안 전날 미리 정해둔 일을 한다. 무의미하게 깨지던 시간을 활용했을 뿐인데, 그 성과는 놀라웠다. "주변 사람들은 그래요. 주말에도 주중에도 그렇게 일에 쫓기고 싶냐고. 그런데 나이는 들고, 쌓이는 것은 없으면 사는 게 허탈하고 불안해요. 그럼 남이 해놓은 일을 보고 부러워하기보다 무엇인가를 꾸준히 해보세요. 하다 보면 눈에 보이는 결과물로 쌓이기 시작합니다. 저는 오히려 주말을 알뜰하게 활용하게 되면서 가족과의 시간도 더 콤팩트하지만 알차게 보낼 수 있게 되었습니다."

꽤 신랄한 한마디를 덧붙였다. "제가 어느 분에게 들은 말이 있습니다. 시간이 없어서 공부를 못한다는 학생은 시간을 줘도 공부를 못하고, 돈이 없어서 사업을 못한다는 사람은 돈을 줘도 사업을 못한다고요. 세상에 어떤 업적을 남기는 사람들은 다 바쁜 사람들입니다. 바쁜 와중에 공부하고, 사업하고, 책 쓰고, 사람들을 만납니다. 시간은 없을수록 생산성 있게 쓰게 됩니다. 그 긴장의 밸런스를 놓치지 않아야 합니다." 효율성 있게 시간을 보내는 것은 타고난 천성이 아니라 꾸준한 훈련의 결과다. "저는 조금 일찍 일어나 지하철을 이용해 출퇴근을 하는데, 이 시간에 제 독서의 60~70%를 소화합니다." 의외로 살펴보면 버려지는 시간들이 많다. 이 시간들만 제대로 활용해도 하고 싶었던 일의 90%는 할 수 있다. 시간은 양의 문제가 아니라 활용의 문제다.

누구에게나 균등하게 주어지는 24시간의 효과적인 사용은 개인의 능력이다. 그리고 시간은 늘 부족하게 마련이다. 막연히 남는 시간을 잘 사용하겠다는 정도의 생각으로는 사실 아무것도 할 수 없다.

시간을 생산해야 한다. 시간 생산은 용도 변경에서 비롯된다. 마흔의 바쁜 시기에 부족한 시간을 탓하는 우를 범하지 말고 주어진 시간의 밀도를 높여야 한다.

행운이 운명이 되려면
준비해야 한다

1929년 미국 대공황 당시의 일화이다. 신문에는 연일 주가 폭락에 투자자의 자살 소식이 넘쳐났다. 뉴욕 맨해튼의 월가에 근무하는 투자전문가를 남편으로 둔 아내의 근심이 커졌다. 평소와 다름없이 퇴근한 남편에게 물었다. "여보, 신문을 보니 상황이 아주 안 좋던데 우리는 괜찮은가요?"

남편이 대답했다. "아니, 나도 마찬가지로 모든 것을 잃었어요. 지금 우리가 있는 집을 포함해서 자동차, 가구 등은 모두 우리 것이 아니오. 며칠 지나면 우리도 여기를 빈손으로 떠나야 해요."

아내가 놀라자 남편은 위로했다. "너무 상심하지 마세요. 집과

차는 없어졌지만 나는 건강하고 친구들과의 관계도 좋고, 능력도 없어지지 않았어요. 비록 지금은 모두 어렵지만 가장 중요한 나는 그대로 있소. 앞으로 다시 기회를 잡을 수 있으니 너무 걱정하지 마세요." 후일 미국이 대공황에서 벗어나면서 그는 다시 재기할 수 있었다.

여기서의 교훈은 불행이 닥쳐도 가장 중요한 나의 심신이 건강하고 능력을 유지하면 다시 기회는 온다는 점이다. 어차피 계절의 춘하추동이 있듯이 인생에도 흥망성쇠가 교차하기 때문이다. 반면 행운을 만나도 내가 수용할 역량이 부족하면 해프닝으로 끝나게 된다.

이따금씩 로또가 당첨되어 한몫 잡았다가 종국에는 다시 빈털터리가 되었다는 기사를 접한다. 사실 이런 종류는 대중들이 좋아하는 내용이다. 다른 사람이 잘되어서 배가 아팠는데 다시 거덜났다는 소식은 언제나 흥미롭고 재미있다. 물론 당첨금을 잘 관리하는 경우도 있을 것이다. 핵심은 로또당첨이라는 행운도 감당할 역량이 없으면 일시적 해프닝으로 끝난다는 점이다.

반면 행운을 감당할 역량이 있으면 이를 계기로 운명으로 만들어낸다. 사람은 살아가면서 누구나 크고 작은 기회와 행운을 만난다. 그러나 이를 잡고 계기로 만들어 인생을 바꾸는 것은 개인의 역량이다.

로마의 철학자 세네카는 "행운은 기회와 준비가 만났을 때"라고 말했다. 로마에서 부와 번영을 주관하는 행운의 여신인 '포르투나Fortuna'는 오늘날 영어의 행운, '포춘Fortune'이라는 보통명사가 되었다. 로마에서는 "행운의 여신에게는 앞머리만 있고 뒷머리는 없다"라고 말했다. 이는 행운의 여신이 찾아올 때 앞에서 잡아야지 지나가고 나면 뒷머리가 없어서 잡을 수 없다는 의미를 담고 있다.

행운도 능력이 없으면, 기회가 와도 잡지 못하고, 잡아도 해프닝으로 끝나게 된다. 준비 없이 맞은 기회와 행운은 제대로 살릴 수가 없다.

> 운명의 여신을 파괴적인 강에 비유해보자. 누구나 격류를 보고 도망치고 저항할 길이 없어 굴복하고 만다. 그러나 강이 이런 성질을 지니고 있다 해도 평온할 때 미리 제방이나 둑을 쌓아 방비를 단단히 해둘 수는 있다. 운명에 대해서도 똑같은 말을 할 수 있다. 운명은 아직 저항하는 이 없는 곳에서 힘을 한껏 발휘하며, 또 제방이나 둑이 저지할 힘이 없다고 보이는 곳에서 맹위를 떨친다. -『군주론』 25장

르네상스 시대의 사상가 마키아벨리는 하늘이 내린 운명과 인간의 노력이 각각 절반씩 인간사를 규정한다고 보았다. 운명을 능동적으로 받아들이기 위해서 '사전준비, 시대정신, 대담성'의 3가지가 필요하다고 본다.

사전준비로 역량을 갖추고 시대정신을 읽어서 흐름을 이해하고 막상 행운의 여신을 만났을 때 잡아채는 대담성의 3박자를 의미한다.

일본의 교세라 사를 창업한 이나모리 가즈오 회장은 파나소닉 사 창업주 마쓰시타 고노스케, 혼다자동차 창업주 혼다 소이치로와 함께 '경영의 신'으로 추앙받는다. 규슈의 시골에서 태어나 20대에 회사를 그만두게 되어 궁여지책으로 창업해 오늘에 이른 이나모리 회장의 운명관이다.

개인이든 국가든 각각 저마다의 운명이 있다. 그 운명은 절대 고정되어 있지 않다. 사람의 생각과 행동에 따라 인생은 늘 변화한다. 좋은 생각을 하고 행동하면 그것을 바탕으로 모든 것이 좋은 방향으로 움직이게 된다. 파란만장한 인생, 어떤 고난과 역경에 처하더라도 원망하지 말고, 한탄하지 말고, 낙심하지 말고, 부패하지 말고, 밝고 긍정적으로 인생을 받아들이고 노력을 기울이면 된다. 어떤 운명에 대해서도 감사하는 마음으로 적극적으로 살아나가면 길은 반드시 열리게 되어 있다. 고희를 맞은 지금에서야 그것을 실감하고 있다.

긴 호흡으로
삶의 가치를 생각하자

10여 년 전 국내 기관에서 대규모 국제회의를 기획하고 있었다. 취지에 맞는 주제를 정하고, 초청연사와 패널토론 후보를 검토하는 일종의 자문역할을 맡게 되었다. 자문이라서 큰 부담 없이 회의에 참석하고 필요한 사항을 지원하는 정도였다.

당시 마이크로소프트 창업자인 빌 게이츠를 대표연사로 초빙하기로 의견을 모으고 접촉에 나섰다. 애당초 쉽지 않을 것으로 예상했지만 혹시라도 성사되면 그야말로 월척을 낚는 셈이었다. 이런저런 의사소통 끝에 참석이 어렵다는 최종 회신을 받았다. 일종의 개인적인 호기심에서 책임자에게 자세한 경과를 물은 결과 얻은 답변은 이랬다.

"빌 게이츠의 연락처를 확인해 정중하게 초대 요청서를 보냈다. 세계 최고의 부자라서 강연료 등은 의미가 적다고 생각했다. 이에 따라 행사 취지, 참석 의의 등에 중점을 두어 설명하고 비서와 연락을 여러 번 주고받았다. 역시 상대측의 주요 관심사는 취지와 의의에 있었고 빌 게이츠 본인의 의사에 따른 행사 참석 여부 결정 기준이 독특했다. 50대 초반인 빌 게이츠의 잔여수명, 향후 활동 가능 기간을 설정하고 남은 인생에서 추구할 가치를 대입시킨다. 세계 각지에서 들어오는 각종 요청을 활동 가능 기간 내에서 추구할 가치의 우선순위에 따라 시간을 배정한다. 일단 가치기준에서 의미가 없으면 금전적 보상, 만나는 형식과 무관하게 거절이다. 가치가 동일하면 시간의 변수를 대입해서 투입 시간이 적은 방향으로 결정한다. 이 기준에서 금번 초대는 선정되지 않았다."

개인적으로 빌 게이츠가 남은 인생에 접근하는 방식이 흥미로웠다. 먼저 타임라인 기준으로 잔여수명, 활동 가능 기간으로 향후 사용 가능한 총 시간을 산정했다. 보통 사람들도 막연하게나마 비슷하게 생각할 수는 있지만 빌 게이츠는 정확하게 산정하고 비서에게 기준점으로 내렸다. 그리고 이 총 시간 동안 활동의 선택기준으로 정성적 가치와 정량적 시간으로 명확하게 구분해 판단한다는 점이다.

물론 빌 게이츠는 아주 특수한 경우이다. 일찍이 금전적 문제는 완전히 해결되었고, 업무적 부담도 벗어났다. 인생을 가치 있게 오래 살기만 하면 된다. 일반인은 꿈도 꾸기 어려운 수준이다. 하지만 그 의미는 생각해볼 만하다. 백세시대 인생의 마흔 이후를 살아가는 가치와 기타 기준 등에 대한 구상에서 아이디어를 얻을 수 있다.

현재의 사회적, 생물학적 구조에서 마흔 무렵부터 10~15년은 인생의 절정기이다. 각자 어떤 입장에 있든 자신의 삶의 가능성을 확인하고 현실화하는 기간이기 때문이다. 개인차는 있지만 30대까지는 기본적으로 준비기이고, 50대 중반 이후는 40대의 관성으로 나아간다. 50대 중후반에 제2의 인생을 연다고 하지만 이 역시 40대에 구축한 자신의 영역과 경제적 기반의 연장선상에 있다.

이런 맥락에서 마흔 무렵에 50대 초중반까지의 사회적 활동기에 대한 지향점을 10년간의 자기사명서로 구체화해보고, 이의 연장선상에서 20~30년간의 삶의 가치와 기준을 생각해보는 것은 의미가 있다. 예컨대 40대에 최선을 다해서 타고난 잠재력과 가능성을 현실화하고 50대 중반 이후는 종교, 봉사, 교육, 여행 등 가치 중심으로 삶의 전환을 생각해보는 것이다.

과거 평균수명 60세 미만 시절에는 50대 초중반까지 열심히 사회생활하고 은퇴해서 5~10년 사이에 세상을 떠나는 구조였지만 이제는 30년 이상을 살아갈 가치와 의미를 가져야 한다. 또한 이러한 인생 후반기에 추구할 가치는 40대를 치열하게 살아갈 에너지의 원천이기도 하다.

『백년을 살아보니』의 저자 김형석 교수는 1970년대에 중견 철학자로서 명성을 얻었다. 현재의 60~70대가 20대였던 시절이다. 1920년생으로 100세의 연세가 되어도 고리타분하지 않고 40~50대의 새로운 독자들과 교감할 수 있는 배경은 굳건한 가치의 기반에서 연원한다.

평범한 일반인도 고령의 나이에 새로운 분야에서 성취를 이룰 수 있음을 일본의 99세 할머니 시인 시바타 도요(2013년 작고)에게서 확인한다. 요리사였던 남편을 사별하고 아들의 권유로 92세에 처음 시를 쓰기 시작해 98세에 첫 시집 『약해지지 마』를 발간해 일본에서 초대형 베스트셀러가 되었다.

원숙한 눈으로 인생을 따뜻하게 관조하는 시는 많은 사람들에게 위안을 주었다. 시를 별로 읽지 않는 나에게도 시바타 도요의 시는 따뜻하고 잔잔한 감동이었다. 시바타 할머니는 젊은 시절부터 왕성한 호기심으로 눈에 보이는 것, 들리는 것 등 모든 것에 관심을 갖고, 침대 머리맡에도 거실에도 언제나 펜과 종이를 두고 떠오르는 생각을 메모했다고 한다.

2000년 1월 코카콜라의 CEO 더글러스 대프트Douglas Daft는 새 천년 밀레니엄 신년사에서 말했다.

"인생을 5개의 공을 돌리는 저글링으로 상상하자. 각각의 공을 일, 가족, 건강, 친구 그리고 영혼(나)으로 명명하자. 조만간 당신은 일이라는 공은 고무공이어서 떨어뜨리더라도 바로 튀어 오른다는 것을 알게 된다. 그러나 다른 4개의 공들은 유리이다. 당신은 인생에서 5개 공들의 균형을 갖도록 노력해야 한다. 인생은 경주가 아니라 그 길의 한 걸음 한 걸음을 음미하는 여행이다. 어제는 역사이고 내일은 미스테리이며 오늘은 선물이다. 그렇기에 우리는 현재present를 선물present이라고 말한다."

인생 후반기 삶의 질을 결정하는 3가지는 건강, 금전, 가치라고 생각한다. 건강은 출발점이다. 하지만 노년에 건강하고 빈곤하면 각박하게 살아야 한다. 건강하고 여유가 있지만 가치 기준이 없으면 노추老醜로 흐르기 쉽다. 인생의 원숙기에 들어서는 마흔 무렵에 삶의 가치를 한번 성찰해보길 권한다.

40대를 맞아 10년의
계획을 세워보라

인생을 살면서 계획을 세울 수 있을까. 인생이 나의 의지와 노력에 따라 계획대로 살아진다면 좋겠지만 그렇지 않다. 돌발적인 상황, 불가항력적인 문제로 언제든지 바뀔 수 있다. 그렇다고 아무 생각 없이 닥치는 대로 사는 것은 아닐 것이다. 비단 인생뿐 아니라 현실세계에서 인간의 계획Plan이란 계획일 뿐이다.

그렇다고 계획 자체가 무의미하지는 않다. 계획을 수립하면서 다양한 사안과 변수를 고민하고 압축하는 과정에서 미래의 지향점이 명료해진다는 점이 중요하다.

계획이 없이도 잘될 수는 있지만 보통의 경우 계획이 있으면 방향성을 유지하면서 목표를 향해 나아갈 확률이 높아지는 것은 분명하다. 돌발적인 변수가 생기면 이를 반영해 궤도를 수정하면 된다.

군대에서 작전대로 진행되는 전투도 없지만 작전이 없는 전투도 없다. 지휘관은 전투를 준비하며 작전 계획을 세운다. 하지만 실제로 계획대로 진행되지는 않는다. 전투의 특성상 승패에 영향을 미치는 예기치 않은 변수가 언제든지 발생하기 때문이다. 유능한 지휘관은 상황 변화를 반영해 신속하게 세부 계획을 수정하고 임기응변으로 대처한다.

승리의 요체는 정교한 작전 계획과 유능한 지휘관의 합주이다. 엉성한 계획과 유능한 지휘관, 정교한 계획과 무능한 지휘관의 조합으로 승리는 어렵다. 엉성한 계획과 무능한 지휘관은 백전백패이다.

인생 계획도 마찬가지 맥락이다. 계획을 세운다고 인생이 그대로 흘러가지는 않는다. 하지만 매일의 일상에서 벗어나 호흡을 길게 하고 5년, 10년의 시간을 생각하고 정리하는 과정에서 인생을 항해하는 등대와 나침반이 만들어진다.

요즘에는 '인생 계획'이란 단어가 익숙해졌다. 강연회, 워크숍 등 다양한 형식으로 이를 생각해보게 한다. 나 자신은 2004년 41세의 겨울에 진지하게 생각해보았다.

자기계발 영역에서 명망 있는 공병호 박사는 개인적으로 고교 동문이다. 같이 학교를 다닌 적은 없지만 사회에 나와서 교류하게 되었다. 당시 '자기경영 아카데미'라는 일반인 대상의 1일짜리 워크숍을 개설해 참석한 적이 있다. 도입부 강연으로 시작해 참석자 각자가 '자기사명서'를 작성하고 마무리에 서로 공유하는 진행이었다.

나는 당일 스케치를 하고 귀가해 며칠간 '자기사명서'를 다듬은 이후 가끔씩 읽어보곤 했다. 지금 읽어봐도 정제된 언어로 간결하게 기술되어 있다.

이후 중학생이 된 큰아이에게도 중학생을 대상으로 하는 동일한 프로그램에 참가하도록 했다. 사춘기에 들어서는 아이 입장에서 처음으로 자신의 삶에 대해서 생각하고 정리하는 시간이었기에 효과는 컸다고 평가한다.

내 경험에 비추어서 마흔 무렵에 40대의 인생 계획을 한번 세워보기를 권한다. 혼자서 해도 좋고, 특정한 프로그램에 참여하는 방식도 무방하다.

진지하게 생각하고 정리해서 써보는 것이 중요하다. 생각만 하면 머릿속에서 꼬리를 물고 뱅뱅 돌게 된다. 한 장이라도 글자로 직접 써보면 정리가 된다.

막상 해보면 쉽지 않다. 다른 내용은 얼마든지 술술 써내려가도 나의 이야기는 한 장도 어렵다. 남에게 보여주는 것이 아니라 나의 내면과 마주해서 솔직하게 정리한다는 것은 쉽지 않지만 그 의미는 크다.

자기사명서

(1) 2005년 목표 선언서

- 매일매일의 시간표를 기록한다.
- 회사에서의 매출 목표는 ○○억 원이다.
- 신문, 잡지 등 매체의 칼럼 게재를 월 2회 진행한다.
- 6대 일간지의 칼럼 게재 3회를 목표로 한다.
- MBC 라디오의 주 1회 방송은 4월까지 계속한다.
- 책은 상반기 한 권, 하반기 한 권을 출간한다.
- 전화 영어를 1년간 한다.
- 영문 잡지인 〈Business Week〉를 정기구독한다.
- 강연은 선별적으로 진행하되 청중이 평가하기에 최상의 수준을 유지한다.
- 유럽 여행을 10일 정도의 일정으로 다녀온다.
- 중학생이 되는 큰아이에게 자기관리의 개념을 가르치고 실천하게 한다.
- 둘째 아이가 자신의 적성 찾는 것을 지원한다.

(2) 2010년까지의 목표

- 기업 컨설팅, 기업금융 부문에서 대한민국을 대표하는 최고의 전문가이다.
- 매년 책 한 권을 출간해서 총 저서를 9권으로 한다.
- 주요 언론의 가치 있는 필자가 된다.
- 2명의 아이가 각자 삶에 대해 진지한 태도를 가지고, 자신의 삶을 살아나갈 수 있는 기본적인 힘을 기르게 한다.

(3) Mission

- 나는 경제경영 부문에서 지금까지 쌓은 경험과 전문성을 바탕으로 최고의 부가가치를 창출하고, 우리 사회가 현실에 합리적으로 대처할 수 있게 노력하는 동시에 영향력을 가진 인물로 성장한다.
- 내 직업의 의미는 'Excellent & Insightful Contents Provider'이다.

(4) Dream List

- 50세 이전에 삶을 품위 있게 유지하는 데 부족함이 없는 경제적 안정을 이룩한다.
- 자녀들이 자신의 삶에 책임질 수 있도록 한다.
- 기업 컨설팅 분야에서 인정받는 전문가이다.
- 경제경영 분야 작가로서 현실감 있으면서 구체적인 대안을 제시한다는 점에서 명성과 가치를 인정받는다.

■ 독자 여러분의 소중한 원고를 기다립니다

메이트북스는 독자 여러분의 소중한 원고를 기다리고 있습니다. 집필을 끝냈거나 집필중인 원고가 있으신 분은 khg0109@hanmail.net으로 원고의 간단한 기획의도와 개요, 연락처 등과 함께 보내주시면 최대한 빨리 검토한 후에 연락드리겠습니다. 머뭇거리지 마시고 언제라도 메이트북스의 문을 두드리시면 반갑게 맞이하겠습니다.

■ 메이트북스 SNS는 보물창고입니다

메이트북스 홈페이지 www.matebooks.co.kr

책에 대한 칼럼 및 신간정보, 베스트셀러 및 스테디셀러 정보뿐만 아니라 저자의 인터뷰 및 책 소개 동영상을 보실 수 있습니다.

메이트북스 유튜브 bit.ly/2qXrcUb

활발하게 업로드되는 저자의 인터뷰, 책 소개 동영상을 통해 책에서는 접할 수 없었던 입체적인 정보들을 경험하실 수 있습니다.

메이트북스 블로그 blog.naver.com/1n1media

1분 전문가 칼럼, 화제의 책, 화제의 동영상 등 독자 여러분을 위해 다양한 콘텐츠를 매일 올리고 있습니다.

메이트북스 네이버 포스트 post.naver.com/1n1media

도서 내용을 재구성해 만든 블로그형, 카드뉴스형 포스트를 통해 유익하고 통찰력 있는 정보들을 경험하실 수 있습니다.

메이트북스 인스타그램 instagram.com/matebooks2

신간정보와 책 내용을 재구성한 카드뉴스, 동영상이 가득합니다. 각종 도서 이벤트들을 진행하니 많은 참여 바랍니다.

메이트북스 페이스북 facebook.com/matebooks

신간정보와 책 내용을 재구성한 카드뉴스, 동영상이 가득합니다. 팔로우를 하시면 편하게 글들을 받으실 수 있습니다.

STEP 1. 네이버 검색창 옆의 카메라 모양 아이콘을 누르세요.   STEP 2. 스마트렌즈를 통해 각 QR코드를 스캔하시면 됩니다.
STEP 3. 팝업창을 누르시면 메이트북스의 SNS가 나옵니다.